L. COLET

LETTRES

DE

Benjamin CONSTANT

A

Madame RECAMIER

AVEC

INTRODUCTION ET ÉPILOGUE

PARIS

E. DENTU, ÉDITEUR

LIBRAIRE DE LA SOCIÉTÉ DES GENS DE LETTRES

PALAIS-ROYAL, 15-17-19, GALERIE D'ORLÉANS

LETTRES
DE
BENJAMIN CONSTANT
A Mme RÉCAMIER

Paris. — Imprimé chez Bonaventure et Ducessois,
55, quai des Augustins.

LETTRES
DE
BENJAMIN CONSTANT
A Mme RÉCAMIER

AVEC

INTRODUCTION ET ÉPILOGUE

PAR

Mme LOUISE COLET

> « Je donne à madame Louise Colet la copie des lettres de Benjamin Constant, me confiant à elle pour en faire l'usage qu'elle jugera le plus convenable à sa mémoire, mais avec la condition que ces lettres ne pourront être ni communiquées ni publiées qu'après moi.
> « Cette preuve de confiance étant toute personnelle, si, contre toute vraisemblance, je survivais à madame Louise Colet, la copie des lettres de Benjamin Constant me serait rendue et redeviendrait ma propriété.
> « Approuvé l'écriture,   Signé : J. Récamier.
> « 17 juillet 1846. »

PARIS

PRÉFACE

> . . . . Suprema voluntas
> Quæ mandat fierique vetat, parere necesse est.
> (L'empereur Auguste.)

Une volonté, ou seulement un désir exprimé par ceux dont la mort nous sépare, m'a toujours paru sacré. C'est un engagement accepté, qui ne relève que de l'éternité, et dont rien ne nous délie. C'est un appel parti de la tombe, auquel nous devons satisfaire. En nous chargeant de ce qu'ils souhaitaient, ceux qui ne sont plus là ont compté sur nous; ils ont espéré que notre âme, continuant la leur, accomplirait l'action qu'ils avaient résolue. Dans l'immobilité du sépulcre, ils se reposent sur notre activité qui leur survit, les ranime et les perpétue.

Il nous est permis de combattre les opinions et les sentiments des êtres que nous respectons le plus ici-bas; tant qu'ils peuvent nous répondre, la lutte est un droit; nous ne leur faisons pas violence, nous espérons obtenir leur assentiment par la persuasion. Mais quand ils ont disparu, il serait impie d'interpréter, de contraindre et de plier à la nôtre leur pensée, qui n'a plus de voix pour résister. Qui nous dit qu'être désobéis ne leur est pas une souffrance dont ils nous accusent? Y eût-il pour nous préjudice, nous soumettre est un devoir. C'est là ce qui a constitué chez tous les peuples *la vénération des morts.*

Tel est le motif déterminant de la publication que je fais aujourd'hui. Celle qui m'en confia le soin a toujours porté jusqu'au scrupule le respect des morts; conciliante et douce, par nature, elle savait défendre les amis qu'elle avait perdus avec une fermeté et un courage qui bravaient, à l'occasion, ses amis vivants. En remettant entre mes mains l'acte qu'on va lire, elle y fut décidée par les inimitiés privées et publiques qui s'acharnèrent un moment à la réputation de Benjamin Constant.

« Je donne à madame Louise Colet la copie des lettres de Benjamin Constant, me confiant à elle pour en faire l'usage qu'elle jugera le plus convenable à sa mémoire, mais avec la condition que ces lettres ne pourront être ni communiquées ni publiées qu'après moi.

« Cette preuve de confiance étant toute personnelle, si, contre toute vraisemblance, je survivais à madame Louise Colet, la copie des lettres de Benjamin Constant me serait rendue et redeviendrait ma propriété.

« Approuvé l'écriture,

« Signé : J. RÉCAMIER.

« 17 juillet 1846. »

La volonté est expresse, elle est écrite, elle est signée par celle qui n'est plus; les obstacles qui retardèrent l'exécution de cette volonté sont applanis et désormais impossibles ; ils ont été aunulés par des publications antérieures qu'il est inutile de rappeler ici [1].

Ces lettres furent revues par madame Récamier et annotées par moi, sous ses yeux ; j'écrivis, pour ainsi dire sous sa dictée, et d'après des documents qu'elle choisit elle-même, l'introduction qui va suivre.

Louise COLET.

Paris, septembre 1863.

---

[1]. Voir tome II, page 315 de l'*Italie des Italiens*.

INTRODUCTION

INTRODUCTION

ÉCRITE EN 1845 SOUS LES YEUX DE MADAME RÉCAMIER
ET D'APRÈS
DES DOCUMENTS COMMUNIQUÉS PAR ELLE

Plus d'une étude a été faite sur Benjamin Constant. Un de nos célèbres critiques[1] semble avoir épuisé toutes ses finesses d'aperçus pour nous peindre cette noble et intéressante figure ; il nous initie aux premières passions de Benjamin Constant, à ses relations avec madame de Charrière, puis à son admiration naissante pour madame de Staël, qui se transforma bien vite en un sentiment plus tendre et devint enfin un orageux amour. Soit discrétion, ou faute de documents pour continuer l'analyse de cette nouvelle phase de la vie intime de l'illustre publiciste, après maintes remarques ingénieuses sur ce cœur mobile,

---

1. M. Sainte-Beuve.

sur cet humoriste et charmant esprit, l'éminent critique a conclu, un peu aventureusement peut-être : *que Benjamin Constant n'est plus à connaître désormais, qu'il sort de là tout entier, confessant le secret de sa nature.* Or, à l'époque où Benjamin Constant rencontra madame de Staël et cessa d'aimer madame de Charrière, il avait vingt-sept ans! Est-ce à cet âge que le cœur n'a plus rien à apprendre des passions? Est-ce que ce jeune homme fantasque, railleur, sceptique, et encore tout empreint de l'esprit d'ironie et d'incrédulité du dix-huitième siècle, en commençant la vie, ne peut pas devenir le politique convaincu, le philosophe spiritualiste de l'ère nouvelle qu'enfanta la Révolution? Est-ce que son esprit, se modifiant en ce sens, n'a pas dû naturellement influer sur son cœur, et rendre ses sentiments, en amitié comme en amour, plus sérieux et plus profonds? Déjà, quand il connaît madame de Staël, son émotion s'élève, son cœur s'agrandit; il se dépouille auprès d'elle de sa légèreté d'esprit, et l'âge ne fait qu'ajouter à ses facultés aimantes et passionnées.

Nous l'avançons hardiment, parce que les lettres que nous publions aujourd'hui en sont des preuves irrécusables : l'amour le plus vrai, le mieux senti, celui qui remua dans son âme le plus de souffrances, de dévouement, de généreuse exaltation, fut l'amour qu'il ressentit au déclin. Jusqu'ici cet amour a été peu ou mal connu; on ne saurait l'apprécier que sur le témoignage même de l'homme qui l'éprouva, comme il a été fait pour le sentiment que lui inspira madame de Charrière; mais dire que de ce premier sentiment ressort tout entier le cœur de Benjamin Constant, c'est comme si, jugeant tout Jean-Jacques sur madame de Warens, on retranchait madame d'Houdetot.

Il nous semble qu'on pourrait reprocher aussi un autre genre d'inexactitude à ceux qui jugent Benjamin Constant d'une manière trop rigoureuse d'après sa carrière politique et ses écrits. Tous les hommes d'imagination sont enclins par nature à s'occuper un peu trop d'eux-mêmes, à décomposer leurs sentiments, à les interpréter en tous sens et à nous les transmettre ainsi fractionnés et altérés. Le plus souvent on s'efforce de paraître meilleur qu'on ne l'est en réalité; mais parfois aussi, quand le caractère y dispose, on est sceptique et sévère envers soi-même comme envers autrui; on se voit en mal, et on se peint de même; on fronde jusqu'à ses qualités; on les passe au creuset de la réflexion, pour y chercher l'alliage qui souvent n'y est pas, et que trop de délicatesse d'examen y fait apercevoir : et de cet abus d'une perspicacité exigeante résulte la peinture inexacte d'un cœur qui, à force d'interroger scrupuleusement ses sentiments, se plaît à se dénigrer, à se faire mauvais à plaisir. Il est bon de connaître nos faiblesses pour les vaincre, mais il n'est pas bon de se complaire à les étudier et à les décrire ; on court risque de cesser d'en être révolté, et de s'y habituer à force d'en nourrir son esprit. C'est là le type d'*Adolphe*, en qui peut-être on a trop voulu constater la nature de son auteur.

Il faut avouer pourtant que Benjamin Constant était un de ces cœurs toujours prêts à médire d'eux-mêmes, et portés à traduire le doute qu'ils ont de leur propre valeur, par un tâtonnement dans la vie qui fait aboutir les intentions les plus droites à de déplorables incertitudes : « Je trouvai, a-t-il dit quelque part, qu'aucun but ne valait la peine d'aucun effort ! »

Quand de pareilles natures ont essayé de se déprécier elles-mêmes, soit dans la causerie parlée, soit dans la causerie écrite des lettres intimes, il faut se garder de les croire entièrement ; et si l'on veut arriver à une appréciation vraie et équitable de ces cœurs ardents et mobiles, on doit réunir et peser leurs émotions diverses.

Dans la carrière politique de Benjamin Constant, comme dans sa vie privée, la contradiction n'est souvent qu'apparente. Les idées le préoccupaient plus que les hommes ; en restant fidèle à ses idées, il pensait le rester aussi à ses opinions, oubliant trop qu'on le jugerait d'après ses actes.

Comme doctrine, sa politique est restée immuable. Durant sa longue opposition qui s'essaya au Tribunat[1], qui continua d'année en année, qui fut un moment interrompue par la révolution de 1830, et qui recommençait lorsque la mort l'arrêta, c'est toujours le même homme. Il n'a varié que dans l'attitude et s'est mépris sur les moyens d'action. La doctrine qui le guide s'égare parfois dans l'espérance impossible d'être adoptée par des gouvernements incompatibles avec elle. Mais, pour qui veut y regarder attentivement et sans parti pris, Benjamin Constant fut incorruptible dans son attachement à la cause libérale, dans sa foi ardente au droit, à la justice, à la raison, à la perfectibilité de l'humanité[2]. Pendant quinze ans, on le vit à la tête de cette imposante

---

1. « La véritable vie de Benjamin Constant commença au Tribunat, où il fut appelé à siéger par Bonaparte. Là il s'essaya avec éclat dans les rangs de l'opposition. » (LOÈVE-WEIMARS.

2. Dans une lettre inédite de Benjamin Constant, adressée à Béranger, et que je dois à l'amitié de ce dernier, je trouve ce passage :

« J'ai combattu pour la liberté, non sans quelque gloire, j'ai rendu des services assez grands ; j'ai acquis ce que je désirais, de la réputation. Mon seul vœu, la seule chose à laquelle, à tort ou à raison, mon imagination s'attache, c'est de laisser après moi quelque renommée : je veux qu'on dise après moi que j'ai contribué à fonder la liberté en France.

« Ce 29 janvier 1829. »

lutte parlementaire que la liberté soutint contre la Restauration.

Ces quinze ans de stabilité de conduite l'absolvent de quelques variations apparentes. On oublie trop vite en France les dévouements glorieux ; l'esprit de dénigrement est trop prompt à rabaisser les grandes renommées. Il faut voir l'ensemble de la vie d'un tel homme et ne pas s'ingénier aux détails.

On a reproché vivement aussi à Benjamin Constant la mobilité de ses sentiments religieux, dont on prétend retrouver les preuves dans son *Histoire des religions*. Ici encore, comme en amour, comme en politique, il est de bonne foi dans ses changements. De ses convictions temporaires on ne saurait conclure qu'il ne fut pas convaincu. Nourri, tout enfant, de l'esprit des encyclopédistes, il fut d'abord systématiquement incrédule ; plus tard, en étudiant à fond dans l'immense bibliothèque de Gœttingue l'histoire de toutes les religions, il se rallia à la nécessité des cultes successifs. Il en trace un tableau plein de déductions ingénieuses et claires ; avec une synthèse plus ferme, il aurait pu faire de son livre l'*Esprit des religions*, comme Montesquieu fit l'*Esprit des lois*. Le souffle et l'ardeur de M. de Bonald et de M. de Maistre manquent à Benjamin Constant. Sa foi ne vient pas de la même source. Sceptique au début, puis tolérant, il finit par reconnaître l'utilité des religions et par constater leurs bienfaits¹. C'est beaucoup pour un esprit philosophique.

---

1. Voici une lettre adressée à M. Hochet, aujourd'hui secrétaire général du conseil d'État*, dans laquelle Benjamin Constant raconte lui-même la transformation de ses idées religieuses :

« Hardenberg, ce 11 octobre 1811.

« Votre lettre m'est parvenue si tard, cher Hochet, que je ne pouvais plus espérer que ma réponse vous trouvât encore à Moulins. J'ai donc voulu attendre un moment où j'aurais la certitude de votre retour à Paris. Mais depuis, il est arrivé à notre amie (madame de Staël) tant de choses tristes, que j'ai été à la fois trop agité et trop découragé pour écrire. Ses peines me vont tellement au cœur, que j'éprouve quelquefois une vraie douleur de ne pas les partager, et depuis qu'elle ne peut plus rien exiger de moi, j'aurais besoin de tout faire pour elle. J'ai été aussi bien triste pour madame Récamier, d'autant que je ne crois pas à un mieux prochain.

« Toutes ces choses me sont plus que de la peine individuelle ; il y a longtemps que j'ai prévu qu'il en serait ainsi, et toujours de plus en plus. Ses amis n'ont pas été bien, à ce qu'il paraît ; ceux qui avaient commencé le plus tôt à être mal ont mis un prix d'opinion à ce que les autres ne fussent pas mieux. L'espèce humaine semble se plaire à rendre hommage à ma pénétration, et il y a de l'ingratitude à moi à lui en savoir si peu de gré.

« J'ai continué à travailler du mieux que j'ai pu au milieu de tant d'idées tristes. Pour la première fois, je verrai, j'espère, dans peu de jours, la totalité de mon *Histoire du polythéisme*** rédigée. J'en ai refait tout le plan et plus des trois quarts des chapitres. Il l'a fallu, pour arriver à l'ordre que j'avais dans la tête et que je crois avoir atteint.

« Il l'a fallu encore, parce que, comme vous savez, je ne suis plus ce philosophe intrépide, sûr qu'il n'y a rien après ce monde, et tellement content de ce monde-ci, qu'il se réjouit qu'il n'y en a pas d'autre. Mon ouvrage est une singulière preuve de ce que dit *Bacon*, qu'un peu de science mène à l'athéisme, et plus de science à la religion. C'est positive-

---

* Mort depuis que cette introduction a été écrite. (*Note de 1863.*)
** *L'Histoire des religions.*

Revenons à ses sentiments intimes. Il avait été séduit par madame de Charrière; ébloui et dominé par

ment en approfondissant les faits, en en recueillant de toutes parts, et en me heurtant contre les difficultés sans nombre qu'ils opposent à l'incrédulité, que je me suis vu forcé de reculer dans les idées religieuses. Je l'ai fait certainement de bonne foi, car chaque pas rétrograde m'a coûté.

« Encore à présent, toutes mes habitudes et tous mes souvenirs sont philosophiques, et je défends poste après poste tout ce que la religion reconquiert sur moi. Il y a même un sacrifice d'amour-propre; car il est difficile, je le pense, de trouver une logique plus serrée que celle dont je m'étais servi pour attaquer toutes les opinions de ce genre. Mon livre n'avait absolument que le défaut d'aller dans le sens opposé à ce qui, à présent, me paraît vrai et bon, et j'aurais eu un succès de parti indubitable. J'aurais pu même avoir encore un autre succès, car, avec de très-légères inclinaisons, j'en aurais fait ce qu'on aimerait le mieux à présent, un système pour les gens comme il faut, un manifeste contre les prêtres, et le tout combiné avec l'aveu qu'il faut, pour le peuple, de certaines fables, aveu qui satisfait à la fois le pouvoir et la vanité.

« Pardon de vous entretenir si longtemps de ce qui n'aura d'intérêt que lorsque le tout sera achevé : je travaille huit à neuf heures par jour, et quand je serai ici, je travaillerai douze heures, car je me ferai lire au moins trois heures le soir. Tout l'hiver, si le sort le permet, sera consacré à finir cette entreprise. Je vous reverrai, j'espère, au printemps et vous me donnerez vos conseils pour la perfection de l'ensemble.

« Que vous êtes drôle, avec votre Legouvé[*]! Oui, ce serait une terrible maladie, si l'on ne pouvait plus parler contre sa conscience. Il resterait bien le dédommagement d'agir contre elle, mais la moitié du plaisir serait perdue.

« Je vois Villers toutes les fois que je vais à Gœttingue. Il est toujours bon, aimable, bien pensant, et sa conduite est

---

[*] Legouvé, dans les derniers mois de sa vie, avait été affecté d'une maladie mentale qui lui faisait dire à ses amis tout ce qu'il avait su et pensé d'eux pendant l'usage de sa raison. (*Note de madame L. C.*)

madame de Staël; il fut pris tout entier par l'ineffable beauté et la douceur tranquille de madame Récamier. Il l'avait connue à Coppet, auprès de son amie, et touché, dès lors, peut être épris mais discrètement et retenant pour ainsi dire son cœur, il avait tracé d'elle le portrait suivant [1] :

« Parmi les femmes de notre époque que les avan-
« tages de la figure, de l'esprit ou du caractère ont ren-

---

très-noble. Mais il est souvent triste, inquiet et découragé. Ce m'est pourtant un grand bonheur de l'avoir ici. Je regrette quelquefois sincèrement les conversations de Paris. Quoique je parle allemand, je n'ai pas assez de rapidité dans l'expression pour avoir du plaisir à causer, et puis le terrain est si différent que la plupart du temps je ne sais que dire.

« En France, c'est avec de la poussière que la boue s'est faite, de sorte qu'il y a toujours dans cette boue une certaine légèreté, et qu'au premier rayon de soleil elle redevient poussière. Mais ici l'orage a donné sur une terre forte et grasse, et l'on enfonce jusqu'à mi-jambe.

« La seule manière dont les gens qui agissent mal puissent encore être aimables, c'est en n'étant pas conséquents, et les Allemands le sont d'une façon imperturbable. Ensuite, comme ils sont bons, ils en pleurent. Voyez l'excellent baron de Vogth. Il pleut des barons de Vogth dans ce pays-ci, sauf l'esprit qu'ils n'ont pas, comme lui, emprunté en France.

« Adieu, cher Hochet. Je voudrais bien que mon inexactitude forcée ne vous détournât pas de me répondre bien vite. Une lettre de vous est un bienfait pour moi. Dites-moi un peu ce que fait Prosper [*].

« Je vous aime et vous embrasse avec un sentiment que la distance ne peut affaiblir, et qui ne finira qu'avec ma vie.

« Adressez vos lettres à Gœttingue, où je vais m'établir sous quinze jours. »

1. Nos lecteurs liront sans doute avec curiosité à côté de

[*] M. de Barante.

« dues célèbres, il en est une que je veux peindre. Sa
« beauté l'a d'abord fait admirer, son âme s'est ensuite

---

ce portrait de madame Récamier celui de madame de Staël,
et celui de Necker, par Benjamin Constant, qui aimait à
s'exercer dans ce genre de littérature si fort à la mode au
XVIIe siècle *.

PORTRAIT DE MADAME DE STAEL.

« Madame de Staël réunit deux choses qui en font la femme
« la plus étonnante qui existe peut-être au monde, et dont la
« réunion fait illusion aux autres et à elle-même. Son imagi-
« nation, pleine d'éloquence et de poésie, donne à toutes ses
« paroles une noblesse, une élévation, une empreinte de gé-
« nérosité et de dévouement qui charment et qui captivent ;
« mais elle a un tel sentiment de sa supériorité et de l'im-
« mense distance qui la sépare du reste des hommes, que
« c'est en sa faveur surtout que cette noblesse, cette éléva-
« tion, cette générosité s'exercent. Ce n'est pas de l'égoïsme,
« c'est du culte. L'égoïsme a quelque chose de honteux et
« d'embarrassé qui le décèle et qui encourage les autres à le
« condamner. Le culte de madame de Staël pour elle-même
« intéresse, au contraire, les spectateurs, et leur communique
« un certain respect religieux. Il est accompagné d'une
« bonne foi parfaite, et il fournit une démonstration pré-
« cieuse de la puissance de la bonne foi. Madame de Staël
« est de bonne foi successivement dans mille sens contraires ;
« mais comme, dans chacun des moments où elle parle, elle
« est réellement de bonne foi, on est subjugué par l'accent
« de vérité qui retentit dans ses paroles. La raison, que l'on
« croyait avoir, disparaît, et l'on se tâte, pour savoir si l'on
« est bien le même être, si l'on a bien la même intelligence
« qu'une heure avant, quand on ne l'entendait pas. Est-elle
« aimée, et le premier objet de son amitié a-t-il une volonté
« opposée à elle, allègue-t-il des devoirs de famille, des
« affaires, des motifs d'indépendance complète ou partielle,
« durable ou passagère ; rien de plus beau d'entendre ma-
« dame de Staël parler avec toute l'énergie de la *Nouvelle*

---

* Je possède ces deux portraits écrits de la main de Benjamin Constant, qui m'ont été donnés par madame Récamier.
(*Note de madame L. C.*)

« fait connaître, et son âme a encore paru supérieure à sa
« beauté. L'habitude de la société a fourni à son esprit
« le moyen de se déployer, et son esprit n'est pas resté
« au-dessous ni de sa beauté, ni de son âme.

« A peine âgée de treize ans, mariée à un homme qui,
« occupé d'affaires immenses, ne pouvait guider son
« extrême jeunesse, madame Récamier se trouva pres-

« *Héloïse* du lien des âmes, du dévouement, devoir sacré de
« toute nature supérieure, du bonheur et de la sainteté
« de deux existences, indissolublement unies l'une à l'autre.
« Est-elle mère, et quelqu'un de ses enfants préfère-t-il à
« l'obéissance qu'elle réclame une passion qui l'entraîne;
« rien de plus sublime que le tableau qu'elle fait des devoirs
« de la piété filiale, des obligations de famille, des droits
« d'une mère, de la nécessité pour un jeune homme d'hono-
« rer sa vie, en se dégageant d'affections frivoles et en en-
« trant dans une noble carrière : car tout homme doit compte
« à la Providence des facultés qu'elle lui a données, et mal-
« heur à celui qui croit qu'on peut vivre pour l'amour! Dans
« tout cela, madame de Staël n'est point égoïste, car elle ne
« croit pas l'être, et la moralité est dans la conscience. Il
« faut ajouter qu'elle fait entrer dans son culte d'elle-même
« tout ce qui tient à elle, tant que le lien subsiste, à la con-
« dition expresse d'une entière et absolue soumission, ce qui
« donne à son caractère quelque chose de plus large et de
« plus élevé qu'à l'égoïsme proprement dit. Son éloquence
« produit sur elle le même effet que sur les auditeurs. En
« se préférant aux autres, elle ne peut être que juste, et elle
« s'estime de sa justice. Par là même, ceux qui l'entendent
« reçoivent sa conviction et sont dans l'impossibilité de lutter
« contre elle. Il faudrait, pour qu'on pût lui résister, qu'elle
« se chargeât elle-même de la contre-partie de ce qu'elle
« dit. On sent qu'elle seule pourrait se répondre, et quand
« on l'a pour adversaire, on voudrait l'invoquer pour défen-
« seur. »

PORTRAIT DE NECKER.

« Quand madame de Staël parle de M. Necker, sa voix émue,
« ses yeux prêts à se mouiller de larmes, la sincérité de son

« que entièrement livrée à elle-même dans un pays qui
« était encore un chaos.

« Plusieurs femmes de la même époque ont rempli
« l'Europe de leur célébrité. La plupart ont payé le
« tribut à leur siècle, les unes par des amours sans dé-
« licatesse, les autres par de coupables condescendances
« envers les tyrannies successives.

« Celle que je peins sortit brillante et pure de cette
« atmosphère qui flétrissait ce qu'elle ne corrom-
« pait pas. L'enfance fut d'abord pour elle une sau-
« vegarde, tant l'auteur de ce bel ouvrage faisait tour-
« ner tout à son profit. Éloignée du monde, dans
« une solitude embellie par les arts, elle se faisait
« une douce occupation de toutes ces études char-
« mantes et poétiques qui restent le charme d'un autre
« âge.

« enthousiasme, toucheraient l'âme de ceux même qui ne
« partageraient pas son opinion sur cet homme célèbre. L'on
« a fréquemment jeté du ridicule sur les éloges qu'elle lui a
« donnés dans ses écrits ; mais quand on l'a entendue sur ce
« sujet, il est impossible d'en faire un objet de moquerie,
« parce que rien de ce qui est vrai n'est ridicule.

« M. Necker, d'ailleurs, trop faible pour les circonstances
« dans lesquelles il s'est trouvé placé, méritait néanmoins, à
« beaucoup d'égards, les louanges de sa fille. Peu d'hommes
« ont eu des intentions aussi pures. Son orgueil même le pré-
« servait de toute personnalité étroite ou avide. Les hommages
« qu'il se rendait l'engageaient à en rester digne à ses pro-
« pres yeux; il se considérait, lui, sa femme et sa fille, comme
« d'une espèce privilégiée, et presque au-dessus de l'huma-
« nité. Mais il en résultait qu'il aimait à remplir quelques-
« unes des fonctions de la Providence, et qu'avec des formes
« un peu superbes, il faisait beaucoup de bien. Ses relations
« avec madame de Staël se ressentaient de l'immense distance
« qu'il mettait entre tout ce qui était émané de lui et le reste
« du monde.

« Souvent aussi, entourée de jeunes compagnes de
« son âge, elle se livrait avec elles à des jeux bruyants.
« Svelte et légère, elle les devançait à la course; elle
« couvrait d'un bandeau ses yeux qui devaient un jour
« pénétrer toutes les âmes. Son regard, aujourd'hui si
« expressif et si profond, et qui semble nous révéler
« des mystères qu'elle-même ne connaît pas, n'étince-
« lait alors que d'une gaieté vive et folâtre ; ses beaux
« cheveux, qui ne peuvent se détacher sans nous remplir
« de trouble, tombaient alors sans danger pour personne
« sur ses blanches épaules. Un rire éclatant et prolongé
« interrompait souvent ses conversations enfantines ;
« mais, déjà, l'on eût pu remarquer en elle cette
« observation fine et rapide qui saisit le ridicule,
« cette malignité douce qui s'en amuse sans jamais
« blesser, et surtout ce sentiment exquis d'élégance,
« de pureté, de bon goût, véritable noblesse native
« dont les titres sont empreints sur les êtres privilé
« giés.

« Il jouissait de son esprit, de sa grâce, de sa vivacité, et
« même de sa véhémence, comme de qualités surnaturelles.
« Il avait avec elle la protection d'un père et l'adoration d'un
« amant. L'amour-propre de madame de Staël, souvent sa-
« tisfait, mais quelquefois froissé dans la société, parce que
« la société est sévère pour qui se met trop en avant, n'était
« jamais en souffrance avec M. Necker, dont l'affection ex-
« clusive approuvait tout. Quand madame de Staël parlait de
« son père à Juliette *, celle-ci admirait en elle la force et
« la profondeur du sentiment le plus respectable. Il y a dans
« l'admiration quelque chose de noble qui attache presque
« autant celui qui sait l'éprouver que celui qui en est l'objet.
« A celle de madame de Staël pour son père se mêlait encore
« un respect qui la rendait plus touchante. »

* Madame Récamier.

« Le grand monde d'alors était trop contraire à sa
« nature pour qu'elle ne préférât pas la retraite. On ne
« la vit jamais dans les maisons ouvertes à tout venant;
« seules réunions possibles (quand toute société fermée
« eût été suspecte) et où toutes les classes se précipi-
« taient, parce qu'on pouvait y parler sans rien dire, s'y
« rencontrer sans se compromettre; où le mauvais ton
« tenait lieu d'esprit et le désordre de gaieté. On ne la
« vit jamais à cette cour du Directoire, où le pouvoir
« était tout à la fois terrible et familier, inspirait la
« crainte sans échapper au mépris.

« Cependant madame Récamier sortait quelquefois
« de sa retraite pour aller au spectacle ou dans les pro-
« menades publiques, et, dans ces lieux fréquentés par
« tous, ses rares apparitions étaient de véritables évé-
« nements. Tout autre but de ces réunions immenses
« était oublié, et chacun s'élançait sur son passage.
« L'homme assez heureux pour la conduire avait à sur-
« monter l'admiration comme un obstacle. Ses pas
« étaient à chaque instant ralentis par les spectateurs
« pressés autour d'elle, elle jouissait de ce succès avec
« la gaieté d'un enfant et la timidité d'une jeune fille ;
« mais la dignité gracieuse qui, dans sa retraite, la dis-
« tinguait de ses jeunes amies, contenait au dehors la
« foule effervescente. On eût dit qu'elle régnait éga-
« lement par sa seule présence sur ses compagnes et
« sur le public. Ainsi se passèrent les premières années
« du mariage de madame Récamier, entre des occupa-
« tions poétiques, des jeux enfantins dans la retraite, et
« de courtes et brillantes apparitions dans le monde. »

Écoutons encore Benjamin Constant nous raconter,
dans des pages inédites, comment se forma l'ami-

tié de madame Récamier et de madame de Staël.

« L'esprit de madame Récamier avait besoin d'aliment. L'instinct du beau lui faisait aimer d'avance, sans les connaître, les hommes distingués par une réputation de talent et de génie.

« M. de La Harpe, l'un des premiers, sut apprécier cette femme qui devait un jour grouper autour d'elle toutes les célébrités de son siècle. Il l'avait rencontrée dans son enfance, il la revit mariée, et la conversation de cette jeune personne de quinze ans eut mille attraits pour un homme que son excessif amour-propre et l'habitude des entretiens les plus spirituels de France rendaient fort exigeant et fort difficile.

« M. de La Harpe se dégageait auprès de madame Récamier de la plupart des défauts qui rendaient son commerce épineux et presque insupportable. Il se plaisait à être son guide ; il admirait avec quelle rapidité son esprit suppléait à l'expérience et comprenait tout ce qu'il lui révélait sur le monde et sur les hommes. C'était au moment de cette conversion fameuse que tant de gens ont qualifiée d'hypocrisie. J'ai toujours regardé cette conversion comme sincère.

« Le sentiment religieux est une faculté inhérente à l'homme ; il est absurde de prétendre que la fraude et le mensonge aient créé cette faculté. On ne met rien dans l'âme humaine que ce que la nature y a mis.

« Les persécutions, les abus d'autorité en faveur de certains dogmes peuvent nous faire illusion à nous-mêmes et nous révolter contre ce que nous éprouverions, si on ne nous l'imposait pas : mais dès que les causes extérieures ont cessé, nous revenons à notre tendance primitive. Quand il n'y a plus de courage à résister, nous ne nous applaudissons plus de notre résistance. Or, la Révolution ayant ôté ce mérite à l'incrédulité, les hommes que la vanité seule avait rendus incrédules purent devenir religieux de bonne foi.

« M. de La Harpe était de ce nombre ; mais il garda son caractère intolérant et cette disposition amère qui lui faisaient concevoir de nouvelles haines, sans abjurer les anciennes. Toutes ces épines de la dévotion disparaissaient cependant auprès de madame Récamier.

« Madame Récamier contracta, avec une femme bien autrement illustre que M. de La Harpe n'était célèbre, une amitié qui devint chaque jour plus intime et qui dure encore.

« M. Necker ayant été rayé de la liste des émigrés, chargea madame de Staël, sa fille, de vendre une maison qu'il avait à Paris. M. Récamier l'acheta, et ce fut une occasion naturelle pour madame Récamier de voir madame de Staël.

« La vue de cette femme célèbre la remplit d'abord d'une excessive timidité. La figure de madame de Staël a été fort discutée. Mais un superbe regard, un sourire doux, une expression habituelle de bienveillance, l'absence de toute affectation minutieuse et de toute réserve gênante, des mots flatteurs, des louanges un peu directes, mais qui semblent échapper à l'enthousiasme, une variété inépuisable de conversation, étonnent, attirent, et lui concilient presque tous ceux qui l'approchent. Je ne connais aucune femme, et même aucun homme, qui soit plus convaincu de son immense supériorité sur tout le monde et qui fasse moins peser cette conviction sur les autres.

« Rien n'était plus attachant que les entretiens de madame de Staël et de madame Récamier. La rapidité de l'une à exprimer mille pensées neuves, la rapidité de la seconde à les saisir et à les juger ; cet esprit mâle et fort qui dévoilait tout, et cet esprit délicat et fin qui comprenait tout; ces révélations d'un génie exercé, communiquées à une jeune intelligence digne de les recevoir, tout cela formait une réunion qu'il est impossible de peindre sans avoir eu le bonheur d'en être témoin soi-même.

« L'amitié de madame Récamier pour madame de Staël se fortifia d'un sentiment qu'elles éprouvaient toutes deux, l'amour filial [1]. Madame Récamier était tendrement attachée à sa mère, femme d'un rare mérite, dont la santé donnait déjà des craintes, et que sa fille ne cesse de regretter depuis qu'elle l'a perdue. Madame de Staël avait voué à son père un culte que la mort n'a fait que rendre plus exalté.

« Nous arrivons à l'époque, dit toujours Benjamin Constant, où madame Récamier se vit, pour la première fois, l'objet d'une passion forte et suivie. Jusqu'alors elle avait reçu des hommages unanimes de la part de tous ceux qui la rencontraient; mais son genre de vie ne présentait nulle part des centres de réunion où l'on

---

1. Dans sa prévoyance maternelle, madame Bernard avait, en mourant, assuré sa fortune à sa fille. Madame Récamier dut ainsi à sa mère l'indépendance et le bien-être du reste de sa vie; elle lui avait dû plus encore : c'est de sa mère qu'elle reçut cette grâce et cette beauté qui furent sans égales. Madame Bernard avait été belle, presque aussi belle que sa fille; j'ai vu d'elle dans la chambre de madame Récamier un ravissant portrait, et je n'ai pas oublié le charme de cette physionomie si expressive et si douce. Madame Bernard avait fait elle-même l'éducation de sa fille : c'est assez dire ce qu'elle possédait de cœur et d'esprit.

fût sûr de la retrouver. Elle ne recevait jamais chez elle et ne s'était point formé de société où l'on pût pénétrer pour la voir tous les jours et essayer de lui plaire.

« Dans l'été de 1799, elle vint habiter le château de Clichy, à un quart de lieue de Paris. Un homme célèbre depuis par divers genres de tentatives et de prétentions, et plus célèbre encore par les avantages qu'il a refusés que par les succès qu'il a obtenus, Lucien Bonaparte, se fit présenter à elle.

« Il n'avait aspiré jusqu'alors qu'à des conquêtes faciles, et n'avait étudié pour les obtenir que les moyens de roman, que son peu de connaissance du monde lui représentait comme infaillibles.

« Il est possible que l'idée de captiver la plus belle femme de son temps l'ait séduit d'abord. Les circonstances politiques dans lesquelles il se trouvait exaltaient son imagination. Jeune chef d'un parti dans le conseil des Cinq-Cents, frère du premier général du siècle, il fut flatté de réunir dans sa personne les triomphes d'un homme d'État et les succès d'un amant. Il s'offrit donc à madame Récamier avec une fatuité mêlée d'assurance et de gaucherie dont sa correspondance porte l'empreinte, et qui se développa dans sa conduite d'une manière très-remarquable.

Morte fort jeune en 1805, elle laissa dans l'âme de sa fille un culte que les années n'affaiblirent point. Madame Récamier parlait toujours de sa mère avec la plus touchante émotion. Depuis le jour où elle la perdit, elle ne cessa jamais d'aller prier et se recueillir sur sa tombe ; elle accomplit ce pieux devoir dans ses jours de jeunesse les plus brillants et les plus adulés, comme aux jours plus graves et plus attristés du déclin ; sa reconnaissance pour sa mère et sa douleur de l'avoir perdue restèrent immuables.

(*Note de madame L. C.*)

« Il s'imagina de recourir à une fiction pour déclarer son amour. Il supposa des lettres de Roméo à Juliette, et les envoya comme un ouvrage de lui à celle qui portait le même nom.

« Le style de ces lettres ou plutôt de cette lettre (car il abjura dès la seconde le déguisement qu'il avait emprunté) est visiblement imité de tous les romans qui ont peint les passions depuis *Werther* jusqu'à l'*Héloïse*. Il y a des répétitions, de l'emphase, et des digressions qui annoncent l'auteur bien plus que l'homme amoureux[1].

« Madame Récamier reconnut facilement à plusieurs circonstances de détail qu'elle était l'objet de la déclaration qu'on lui présentait comme une simple lecture. Elle n'était pas assez accoutumée au langage direct de l'amour pour être avertie par l'expérience que tout dans cette déclaration n'était peut-être pas sincère, mais un instinct juste et sûr l'en avertissait; elle répondit avec simplicité, avec gaieté même, et montra bien plus d'indifférence que d'inquiétude et de crainte. Il n'en fallait pas davantage pour que Lucien éprouvât réellement la passion qu'il avait d'abord un peu exagérée.

« Les lettres de Lucien deviennent plus intéressantes et plus éloquentes, à mesure qu'il devient plus passionné. On y voit bien toujours la vanité, la recherche, l'ambition des ornements, le besoin de se mettre en attitude, l'emploi d'expressions qui sont triviales, à force d'être usées. Il ne peut s'endormir sans *se jeter dans les bras du sommeil*... Parle-t-il d'une fête : *la folie y agite ses grelots*... Au milieu de son désespoir, il se décrit livré aux grandes préoccupations qui l'entourent... Il

---

1. On sent la plume d'un rival dans ce jugement sévère et railleur.

(*Note de madame L. C.*)

s'étonne de ce qu'un homme comme lui verse des larmes... Il demande à Juliette de ne pas ravir un grand citoyen à la patrie...

« Mais dans tout cet alliage de déclamations et de phrases, il y a pourtant l'éloquence de la sensibilité et de la douleur. Enfin, dans une lettre pleine de passion où il écrit à madame Récamier : « Je ne puis vous haïr, « mais je puis me tuer, » il ajoute : « Après la réception « de votre billet, j'en ai reçu plusieurs diplomatiques ; « j'ai appris une nouvelle que le bruit public vous aura « sans doute apprise. Je suis parti dans la nuit. Les féli- « citations m'entourent, m'étourdissent... On me parle « de ce qui n'est pas vous... Que la nature est faible, « comparée à l'amour ! »

« Cette nouvelle, qui trouvait Lucien insensible, était pourtant une nouvelle immense : le débarquement de Bonaparte à son retour d'Égypte !

« Un destin nouveau venait de débarquer avec ses promesses et ses menaces ; le 18 brumaire ne devait pas se faire attendre. Lucien contribua puissamment au succès de cette journée, qui tiendra toujours une si grande place dans l'histoire. Président du conseil des Cinq-Cents, à Saint-Cloud, il résiste aux forcenés qui lui demandent la mise hors la loi de son frère ; il lutte au milieu d'un tumulte épouvantable. Il doit la vie aux grenadiers de Bonaparte, qui l'enlèvent de la tribune !
— Tout plein encore du danger qu'il vient de courir, il en fait le récit à madame Récamier. Mêlant toujours le roman à l'histoire, il se représente menacé par les assassins qui lui demandaient la tête de son frère : Dans ce moment suprême, s'écrie-t-il, « votre image m'est « apparue !... vous auriez eu ma dernière pensée ! »

« Il serait inutile d'entrer dans plus de détails sur cet

amour qui se composa d'agitations toujours pareilles de la part de l'un, d'inégalités toujours semblables de la part de l'autre. Après douze mois de ces orages, Lucien prit enfin le parti de s'éloigner. Comment put-il le prendre? je ne l'ai jamais conçu!

« Enfin, il eut la force de briser le lien qu'il n'avait pu resserrer. Heureux si, comme il le devait, il eût conservé pour madame Récamier ce culte de respect qui doit toujours remplacer l'amour, quand l'objet qu'on aima en est resté digne. Il voulut, dit-on, nuire à cet ange qu'il n'avait pu attendrir[1]. Si l'accusation est vraie, c'est un plus grand tort que tous ceux que ses ennemis lui ont reprochés.

« Celui qui écrit ces lignes aime Juliette plus que Lucien ne l'aima jamais, plus qu'aucun homme n'a jamais aimé. Il ne sait pas quel sort l'attend; il sait seulement qu'il n'a point d'espérance. Il a été souvent rejeté par elle, sans le mériter, de la douceur de l'amitié dans les abîmes de la douleur. Il n'est pas sûr de ne pas mourir par elle : mais il jure qu'à sa dernière heure, le dernier mouvement de son bras serait pour sa défense, sa dernière parole une prière pour elle, et, si on l'accusait, une justification et un hommage. »

Écoutons maintenant M. de Chateaubriand nous parler de cette adorable Juliette qui s'attachait tous les cœurs. M. Récamier était le Rothschild de l'époque; sa ruine fit ressortir tout ce qu'il y avait de grandeur et de délicatesse dans l'âme de madame Récamier. Voici quelques pages iné-

---

1. Cette accusation est imméritée.

(*Note de madame L. C.*)

dites [1] des *Mémoires d'outre-tombe* qui se rapportent à cette époque :

« Un intérêt nouveau se répandit sur madame Réca-
« mier; elle supporta la perte de sa fortune avec un désin-
« téressement qui révélait un caractère supérieur. Elle
« quitta la société sans se plaindre et sembla faite pour
« la solitude comme pour le monde. Ses amis lui res-
« tèrent, a dit mon ami M. Ballanche, la fortune se
« retira seule.

« Madame de Staël invita son amie à Coppet. Le
« prince de Prusse, neveu du grand Frédéric, fait
« prisonnier à la bataille d'Eylau, se rendant en Italie,
« passa par Genève. Il devint éperdûment amoureux
« de madame Récamier. La vie intime et particulière,
« appartenant à chaque homme, continuait son cours
« sous la vie générale, l'ensanglantement des batailles
« et la transformation des empires.

« Le prince, croyant que madame Récamier pourrait
« consentir au divorce, lui proposa de l'épouser.
« Bonaparte, qui avait connu cette circonstance par des
« rapports de police, s'en est souvenu à Sainte-Hélène.

« On lit dans le *Mémorial* :

« Dans les causeries du jour, l'Empereur est revenu
« encore à madame de Staël, sur laquelle il n'a rien dit
« de neuf. Seulement, il a parlé de lettres vues par la
« police, et dont madame Récamier et un prince de
« Prusse faisaient tous les frais.

« ... Le prince, malgré les obstacles que lui opposait
« son rang, avait conçu la pensée d'épouser l'amie de
« madame de Staël, et le confia à celle-ci, dont l'imagi-

---

1. Ces pages étaient inédites à l'époque où cette introduction fut écrite. (*Note de 1863, de madame L. C.*)

« nation poétique saisit avidement un projet qui pou-
« vait répandre sur Coppet un éclat romanesque. Bien
« que le jeune prince fût rappelé à Berlin, l'absence
« n'altéra point ses sentiments; il n'en poursuivit pas
« moins avec ardeur son projet favori; mais soit pré-
« jugé catholique contre le divorce, soit générosité na-
« turelle, madame Récamier se refusa constamment à
« cette élévation inattendue [1]. » (*Mémorial de Sainte-
« Hélène*, tome VIII.)

« Il reste un monument de cette passion dans le ta-
« bleau de *Corinne*, que le prince obtint de Gérard. Il
« en fit présent à madame Récamier comme un immor-
« tel souvenir du sentiment qu'elle lui avait inspiré et
« de la glorieuse amitié qui unissait Corinne et Juliette.
« L'été se passa en fêtes; le monde était bouleversé;
« mais il arrive que le retentissement des catastrophes
« publiques, en se mêlant aux joies de la jeunesse,
« en redouble le charme : on se livre d'autant plus
« vivement aux plaisirs, qu'on se sent près de les
« perdre.

« Madame de Genlis a fait un roman sur cet attache-

---

[1]. C'est surtout par générosité que madame Récamier re-
nonça à ce projet de mariage si bien fait pour toucher son
cœur et pour séduire son imagination. Ici, je puis ajouter
quelques détails au récit de M. de Chateaubriand : Le prince
Auguste était jeune, beau, chevaleresque. Il avait cette sensibilité allemande, délicate, désintéressée, un peu romanesque, et qui plaît naturellement aux femmes. Dans cette
poétique solitude de Coppet, sous les ombrages d'un grand
parc, en face de ce lac et de ces monts peuplés de fantômes
qui se parlent d'amour, le prince avait encore pour inter-
prète de sa passion la voix éloquente de madame de Staël, qui
se plaisait à faire valoir auprès de son amie tout ce qu'il y
avait de noblesse et d'enthousiasme dans ce jeune cœur royal

« ment du prince Auguste. Je la trouvai un jour dans
« l'ardeur de la composition.

« Elle demeurait à l'Arsenal, au milieu de livres pou-
« dreux, dans un appartement obscur. Elle n'attendait
« personne ; elle était vêtue d'une robe noire ; ses che-
« veux blancs offusquaient son visage ; elle tenait une
« harpe entre ses genoux, et sa tête était abattue dans
« sa poitrine. Appendue aux cordes de l'instrument, elle
« promenait deux mains pâles et amaigries sur l'un et
« l'autre côté du réseau sonore dont elle tirait des sons
« affaiblis, semblables aux voix lointaines et indéfinis-

---

si bien épris. Madame Récamier était émue, ébranlée, par ces voix unies de l'amour et de l'amitié. Un jour, pour se défendre de ces séductions irrésistibles, elle écrivit à M. Récamier qu'elle désirait le rejoindre à Paris : M. Récamier répondit que son crédit encore mal assuré avait besoin de l'appui du gouvernement, et que la présence de madame Récamier, qui, liée avec madame de Staël, était comme elle en disgrâce, pourrait nuire à ses affaires. Cette réponse devint un puissant auxiliaire à l'amour du prince Auguste. Puisque, loin d'être nécessaire à l'homme dont elle portait le nom, madame Récamier lui paraissait un obstacle au rétablissement de sa fortune, ne pouvait-elle pas penser, dans l'intérêt même de son mari, à recouvrer une liberté qui assurerait le bonheur du prince ? Elle écrivit en ce sens à M. Récamier, elle lui parla de divorce comme d'un parti qui pourrait convenir à tous les deux. Plus d'un mois s'écoula avant que madame Récamier ne reçût la réponse de son mari. Ces jours d'attente furent des jours de bonheur. Le prince Auguste et madame de Staël espéraient beaucoup. Madame Récamier se laissait gagner à leurs espérances. On faisait mille projets d'avenir. Enfin cette réponse si ardemment attendue arriva. C'était un matin ; on était à table ; le prince Auguste et madame de Staël brûlaient de connaître ce que renfermait cette lettre. Madame Récamier désirait être seule pour la lire ; elle se retira dans son appartement : là, tremblante et recueillie, elle brisa le cachet ! Qu'elle devait être belle dans ce moment de suprême émotion ! M. Récamier répondait

« sables de la mort. Que chantait l'antique sibylle?
« Madame Récamier.

« Madame de Staël, dans la force de la vie, aimait
« madame Récamier; madame de Genlis, dans sa dé-
« crépitude, retrouvait pour elle les accents de la jeu-
« nesse. L'auteur de *Mademoiselle de Clermont* plaçait la
« scène à Coppet, chez l'auteur de *Corinne*, rivale qu'elle
« détestait; ce sont là des espèces de prodiges, des mer-
« veilles; une autre merveille est de me voir écrire ces
« détails. Je parcours des lettres qui me rappellent des
« jours heureux où je n'étais pour rien. Il fut donc du
« bonheur sans moi, des enchantements étrangers à
« mon existence sur ces rivages de Coppet, que je ne

---

qu'il consentait au divorce si madame Récamier l'exigeait; mais il parlait de ses regrets et faisait un appel à tous les sentiments du noble cœur auquel il s'adressait.

Madame Récamier, après avoir lu cette lettre, demeura quelques instants immobile et consternée; puis son cœur se raffermit; elle revint auprès du prince Auguste et de madame de Staël, triste, mais décidée. Il y eut bien des larmes répandues, bien des luttes de souffrance secrète et passionnée, et de tendres hésitations. Mais enfin, ce qui lui paraissait être le devoir l'emporta. Qu'il est beau, qu'il est grand de triompher ainsi des entraînements du cœur! Il y a plus de satisfaction dans cette résistance héroïque qu'on oppose aux passions, que lorsque, après s'y être abandonné avec ivresse, on se retrouve brisé et humilié par elles! L'amour du prince Auguste ne fut point un sentiment passager. Quoique sa destinée n'eût pu s'unir à celle de madame Récamier, il ne cessa jamais de l'aimer et de lui écrire. Quand il vint à Paris, en 1825, il passait ses journées dans ce salon de l'Abbaye-aux-Bois, où était ce tableau de Corinne, dont parle M. de Chateaubriand; à Berlin, le prince avait dans son palais le portrait en pied de madame Récamier peint par Gérard; il ne s'en sépara qu'à sa mort: d'après ses dernières volontés, ce portrait fut rendu à madame Récamier.

(*Note de madame L. C.*)

« vois pas sans un injuste et secret sentiment d'envie.
« Les choses qui me sont échappées sur la terre, qui
« m'ont fui, que je regrette me tueraient, si je ne tou-
« chais à ma tombe : mais si près de l'oubli éternel,
« vérités et songes sont également vains; au bout de la
« vie, tout est jours perdus. »

Benjamin Constant, lui, avait eu sa part des beaux jours de Coppet, jours de délices mêlées de trouble et d'orage, jours passés entre Corinne et Juliette; dominé par la première, et déjà secrètement touché par la seconde, bien que le *point mystérieux*, ainsi qu'il le dit lui-même, ne fût pas encore atteint. C'est vers cette époque qu'il écrivait à madame Récamier les lettres suivantes où l'on pressent l'amour :

« Coppet, ce 20 juillet 1808.

« Vous avez écrit, madame, une lettre tellement aimable à madame de Staël, que sans doute elle se sera empressée de vous répondre, et que je n'ai plus pour vous écrire le prétexte de vous parler de la commission dont vous m'aviez chargé auprès d'elle. Je vous écris donc uniquement pour le plaisir de vous écrire, et de me rappeler à vous, parce que je ne veux pas, si vous m'oubliez, qu'il y ait de ma faute. Ce sera assez du chagrin sans le remords. Je suis ici depuis huit jours à peu près : mais Coppet me paraît très-désert, et c'est vous que j'en accuse. Il n'y a ici que Mathieu (le duc de Montmorency) qui restera encore trois semaines. Je ne sais si M. de Sabran viendra. Il y aura dans le courant du mois prochain une grande fête suisse, qui pourra lui servir de motif, et je le désire fort. Ce sera un petit souvenir de l'année dernière.

« Madame de Staël me paraît dans une situation d'âme moins douloureuse, sur son éloignement de Paris, que lorsque vous l'avez vue; elle a repris assez de courage. La bienveillance qu'on lui a témoignée à Vienne, et qu'elle est sûre d'inspirer partout où elle ira, est une consolation qu'elle consent à accepter. En tout, je la trouve mieux pour elle-même. Dieu veuille que le séjour de Coppet, qui l'entoure inévitablement d'images tristes, et qui la condamne à une société ennuyeuse, dès qu'elle ne se borne pas à son intérieur, n'influe pas sur son âme d'une manière fâcheuse, comme il l'a fait plus d'une fois.

« Je n'ai pas encore fini *Wallstein*[1], j'y travaille avec la lenteur d'un homme qui, ayant passé l'époque à laquelle il voulait avoir fini, se trouve avoir de nouveau beaucoup de temps devant lui, et profite, avec paresse, du loisir que sa paresse lui a procuré. J'y fais des additions assez considérables, et il est possible que je l'imprime au lieu de le faire jouer.

« Savez-vous si Prosper (M. de Barante) est à Paris? S'il y est, vous le savez sans doute, car que pourrait-il avoir de mieux à faire que de passer de sa vie près de vous tout ce que vous lui permettrez de vous en consacrer! Il m'a écrit de Bressuire, il m'annonçait son départ pour la capitale; mais on m'a assuré, chez son père, qu'il ne ferait pas ce voyage de sitôt.

« Je voudrais oser vous questionner sur ce que vous faites, sur Berlin, sur Rome, sur la Russie, sur l'emploi des heures mystérieuses? Mais comment exiger de si loin vos confidences! elles se composent de nuances si

---

1. Une imitation en vers du drame de Schiller.

fines, jusqu'à présent, qu'on ne peut guère les écrire ; elles sont impalpables comme les nuages, auxquels elles ressemblent encore par leur rapide mobilité. Je me résigne donc à ne reprendre mon rôle de confident qu'à mon retour à Paris. Ce rôle-là, du moins, j'espère que vous ne le donnerez pas à un autre. C'est bien assez de m'y avoir réduit. Adieu, madame, croyez que personne ne vous est plus constamment, plus sincèrement attaché. »

« Lausanne, 18 février 1810.

« Je voulais vous voir avant mon départ de Paris, vous le savez, et quand vous ne le sauriez pas, vous en seriez convaincue, madame ; une multitude de tristes affaires y mit obstacle. Je comptais vous écrire en arrivant ici, mais jusqu'à cet instant, je n'ai pu le faire. J'ai peur que vous ne vous en soyez guère aperçue. Vous avez cependant été si bonne pour moi quelquefois, que je voudrais n'être pas tout à fait oublié de vous. J'ai trouvé notre amie [1] travaillant à son bel ouvrage et se préparant à son départ ; je la reverrai encore avant de retourner à Paris, et je suppose qu'elle s'arrêtera en France, de manière à passer quelques moments avec ceux qui l'aiment, et nommément avec vous, qui êtes dans ses affections au premier rang comme partout.

« Je suis venu passer quelque temps au milieu des neiges et de ma famille. Dans le temps où nous vivons, on ne saurait trop s'enterrer. D'ailleurs tous mes vœux tendent au repos et les devoirs le donnent. Je travaille comme vous à devenir dévot, et je me crois plus avancé. Il y a moins de gens qui ont intérêt à s'opposer à mes progrès dans ce genre. J'ai été bien fâché de n'avoir

---

1. Madame de Staël.

plus trouvé Prosper. Je lui dois une lettre, mais il y a si longtemps que je ne sais plus comment lui écrire. Je vous prierais bien de lui parler de moi, mais certes ce n'est pas à moi que vous penserez ensemble. J'attendrai qu'il soit à *Napoléon* pour recommencer notre correspondance. Mes lettres gagneront à l'ennui de sa solitude, pourvu qu'elles n'arrivent pas le même jour que les vôtres.

« Croyez-vous que vous me répondrez? Je voudrais l'espérer, mais depuis que vous ne me cherchez plus pour le bien que vous vouliez faire, vous avez cessé tout à fait de vous intéresser à moi, et les derniers temps de mon séjour à Paris vous me traitiez bien en étranger. C'est mal, car je suis de tous vos amis le plus désintéressé peut-être; ce n'est pas un mérite; mais je suis aussi celui qui aurait le plus de désir de vous voir heureuse, et qui vous suit des yeux avec le plus d'émotion, quand vous planez, comme vous le faites encore, entre le ciel et la terre; je crois que le ciel l'emportera, et n'ayant malheureusement rien à gagner à ce que vous restiez mondaine, je suis pour le ciel. Adieu, madame, mille vœux et mille hommages. »

« Paris, ce 8 ..... 1810.

« Hochet a reçu de vous une lettre qui m'a donné de vifs regrets de ne pas avoir mérité que vous m'écrivissiez aussi. Je suis comme cette femme qui espérait gagner à la loterie quoiqu'elle n'y eût pas mis. Je voudrais qu'on répondît aux lettres qui n'ont existé que dans ma tête : alors vous me feriez de longues réponses, car si je ne vous écris pas, je pense beaucoup à vous; il y a en vous, madame, je ne sais quel intérêt qui captive et qui ne peut jamais cesser. On a beau vous voir occupée de tout autre chose ; on a beau se sentir au dixième rang, on ne se détache point, et l'on trouve encore du plaisir à vous suivre dans votre vie pure et mobile, touchante et légère, et sur laquelle ses variétés mêmes répandent un charme particulier.

« Paris est triste et désert. Il meurt encore de temps en temps des victimes de la fête de M. de Schwarzenberg. Madame Touzard est morte avant-hier, après cinq semaines de souffrances ; elle laisse une fille, aussi brûlée, avec la figure toute couverte de hideuses cicatrices. Du reste, il me semble que, sauf les prix décennaux dont j'ai tant ouï parler que je n'ai plus le courage d'en écrire un mot, on ne parle de rien. Un auteur a dit que le bonheur était un état sérieux ; un autre a dit que toutes les fois qu'un homme était sérieux, il tombait dans une insurmontable mélancolie ; d'où je conclus encore que nous sommes très-heureux ; pour peu qu'on aille de résultats en résultats, comme la mélancolie conduit au suicide, on se pendra à force de bonheur.

« J'ignore habilement les nouvelles publiques, et nécessairement les nouvelles particulières, car je ne vais presque nulle part, et j'oublie ce que j'y entends. Il ne faut donc pas exiger de moi des lettres intéressantes. En vous écrivant, je ne fais que preuve de zèle, ou plutôt d'égoïsme, car je ne vous écris que pour que vous me répondiez.

« Il y a cependant une nouvelle qui peut être assez importante pour notre amie. Les décrets de Berlin et de Milan sont rapportés en ce qui concerne les neutres, de sorte que la navigation des vaisseaux américains ne sera plus gênée, et qu'ils pourront arriver de partout et partir également des ports de France. Il me semble que notre amie trouvera facilement un bon et sûr passage pour New-York, quand elle voudra.

« Je ne suis pas sans quelque inquiétude pour son déménagement et son séjour à la Godinière. Je sens que son attachement pour Mathieu (de Montmorency) lui fait une loi de ne pas refuser son amicale proposition. Mais cette maison toute nouvelle ne lui fera-t-elle pas mal ? J'aime les vieux murs, les vieilles cloisons, et tous ces nouveaux édifices, beaux, brillants, ne sont pas sains.

« J'ai envoyé au préfet de Blois et à M. de Salaberry deux exemplaires de *Wallstein*; je ne sais s'ils sont parvenus ; il m'en avait demandé.

« Adieu, madame. On m'avait dit hier que vous arriviez ces jours-ci pour prendre congé de madame de Cattelan [1]. Je suppose que c'est une fausse nouvelle, et je le souhaite; comme je retourne à la campagne, je n'y gagnerais rien, et madame de Staël y perdrait.

« Mille respects bien tendres et mille tendresses bien dévouées [2]. »

Comment l'émotion contenue que l'on découvre dans ces premières lettres de Benjamin Constant se

---

1. La marquise de Cattelan, amie de madame Récamier.
2. Vers la même époque, il écrivait à madame de Staël, qui résidait alors à Blois, cette lettre que madame Récamier m'a donnée :

(*Note de madame L. C.*)

« Paris, 6 septembre 1810.

« Je vous ai écrit hier un petit mot, chère amie; j'espérais avoir beaucoup à ajouter, mais je n'ai rien pu apprendre sur la censure, parce que Laborie est à la campagne, où sa femme demeure depuis quinze jours. Je persiste toujours à croire

changea-t-elle en un amour passionné? Ici quelques pages de narration deviennent indispensables.

Trois ans s'étaient écoulés depuis cette lettre, où il dit avec tant de grâce : « *On a beau se sentir au dixième rang, on ne se détache point.* » Durant l'automne de 1813, madame Récamier, exilée, voyageait en Ita-

---

que ce n'est pas lui qui fera quelque chose; que la route naturelle, Nicole et Eugène, est la plus courte aussi bien que la meilleure, et que la chose est en aussi bon train qu'elle peut l'être. L'essentiel est que vous remarquiez les épreuves du dernier volume, sans lesquelles rien ne peut finir.

« Je n'étais pas disposé très-favorablement pour Eugène, parce que je lui savais très-mauvais gré de ne pas me tenir au fait de tout ce qui vous regarde; mais comme je suis juste avant tout dans mes jugements, qui n'influent pas sur mes impressions, je dois dire qu'il conduit cette affaire, non-seulement avec son activité accoutumée, mais avec une intelligence et une mesure très-bien vue, pour presser sans effaroucher. Dans le reste de ma journée, je n'ai vu que Hochet; il ne m'a rien dit de bien remarquable et que je puisse vous mander, quoique je sois honteux d'écrire de Paris sans rien mettre d'intéressant dans ma lettre. Je suppose que vous lisez les articles de Guizot. Il en a fait plusieurs qui approchent de la tendance de votre ouvrage, et la manière dont Hochet m'a dit que lui et d'autres en avaient été frappés me prouve que tout le monde est mûr pour ce genre d'idées, et qu'elles sont le besoin du moment, tant on est fatigué, affadi, étouffé du contraire.

« J'ai été voir hier soir la pièce des *Deux Gendres*, où il y a un esprit très-remarquable, d'autant plus remarquable que l'auteur[*] en a très-peu. Mais il y a tant d'esprit en circulation, un tel nombre de rédactions piquantes aux ordres de qui veut les recueillir, qu'on fait de l'esprit, et du véritable esprit, comme des alexandrins avec des hémistiches. Il y a tout à fait du mérite dans *les Deux Gendres*, et vous jugeriez

[*] Étienne.

lie ; elle habitait depuis un mois la délicieuse villa que Canova s'était fait construire sur les bords du lac d'Albano. Les fleurs s'entrelaçaient aux marbres dans ce beau lieu orné des bas-reliefs et des statues du sculpteur, qui avait nommé sa retraite *il Paradiso*. Vrai paradis mythologique dont madame Ré-

---

que l'auteur doit en avoir sa part. Prosper, qui l'a connu, m'a dit le contraire, et ce que j'en ai vu me l'a prouvé. Il n'y a plus rien d'individuel chez les hommes. Ce que l'un fait, chacun pourrait le faire. Ce ne sont plus que des noms propres, sous lesquels se classe une série d'actions ou un recueil d'idées qui tiennent à la position, et non à l'individu. Il y a un homme qui sait cela et qui l'apprend tous les jours au monde.

« Je retourne pour quelques jours aux Herbages, remportant le reste de mes manuscrits à mettre en ordre pour la copie, sauf l'ouvrage : *du Polythéisme* (l'*Histoire des religions*); le reste sera classé de manière à ce qu'il n'y ait plus de travail que pour Audouin*. Je le laisserai à la campagne, où il est à l'abri des séductions qui entraînent sa jeunesse. Paris est pour lui le réel, et les Herbages l'idéal. Il commencera dans les huit jours mon troisième volume in-4°. Je crois bien que la collection entière en formera six. Pour moi, je serai de retour ici le 13 ou le 14.

« Quand Albertine** sera chez madame de Mendelssohn, j'aurai un motif pour y rester; actuellement je ne sais qu'y faire. Il n'y a pas deux de mes connaissances qui y soient, au milieu de ces chaleurs.

« On m'a envoyé, le jour de mon arrivée ici, une lettre que je suppose de vous. Vos lettres sont ce qui a le plus d'influence sur ma vie intérieure, et vous me tenez dans une succession perpétuelle de sensations et de sentiments de tous genres. Je ne sais jamais, en en recevant une, ce que je serai après l'avoir lue.

* Secrétaire de Benjamin Constant.
** La fille de madame de Staël (depuis madame de Broglie), que Benjamin Constant avait vue naître.

camier fut la déesse et la muse : la grâce de sa taille élancée faisait penser à Diane qui eut un temple sur ce rivage. Madame Récamier n'étant pas de celles qu'il pouvait reproduire en Vénus, Canova la transforma en *Béatrix* du Dante [1].

A la fin de l'automne, madame Récamier partit d'Albano pour Naples. Redoutant de traverser seule

---

« Adieu, chère amie. Je vous aime tendrement. Je suis impatient de voir paraître votre bel ouvrage, et de m'associer en pensée à tout ce que vous aurez de succès, avec la bonne partie de l'espèce humaine. *Rari nantes.* »

1. Voici comment M. Ballanche rappelle ce souvenir dans sa dédicace à madame Récamier de sa *Palingénésie sociale* :

« Un artiste entouré d'une grande renommée, un statuaire qui naguère jetait tant d'éclat sur la patrie illustre du Dante, et dont les chefs-d'œuvre de l'antiquité avaient si souvent exalté la gracieuse imagination, un jour, pour la première fois, vit une femme qui fut pour lui comme une vivante apparition de Béatrix. Plein de cette émotion religieuse que donne le génie, aussitôt il demanda au marbre, toujours docile sous son ciseau, d'exprimer la soudaine inspiration de ce moment, et la Béatrix du Dante passa du vague domaine de la poésie dans le domaine des arts. Le sentiment qui réside dans cette physionomie harmonieuse est devenu maintenant un type nouveau de beauté pure et virginale qui, à son tour, inspire les artistes et les poëtes.

« Cette femme, dont je veux taire ici le nom, que je veux laisser voilée comme fit le Dante, est douée de toutes les sympathies généreuses de ce temps. Elle a visité, avec le petit nombre, le lieu qu'habitent les intelligences. C'est dans ce lieu de paix immuable, d'inaltérable sérénité, qu'elle a contracté de nobles amitiés ; ces amitiés qui ont rempli sa vie, nées sous d'immortels auspices, sont également à l'abri du temps et de la mort, comme de toutes les vicissitudes humaines.

« Je m'adresse donc à celle qui a été vue comme une ludes routes alors peu sûres, elle accepta pour compagnon de voyage le chevalier Cocgell [1].

Au premier relai après Albano, quand leur voiture s'arrêta, le maître de poste accourut avec empressement, et demanda si ce n'était pas pour ces voyageurs importants que des chevaux avaient été commandés. L'Anglais fit un signe à madame Récamier, puis il répondit avec assurance :

« *Si signore.* » En quelques secondes, les chevaux préparés furent attelés, et l'on se remit en route.

La même demande et la même réponse se renouvelèrent jusqu'à Terracine.

Dans cette ville, madame Récamier qui était descendue à l'auberge pour y passer la nuit, se fit ouvrir une chambre attenant à un grand vestibule, et dont les fenêtres donnaient sur la mer. Elle y était depuis quelques instants, admirant la beauté du soleil couchant qui empourprait les vagues, lorsqu'elle entendit une voix qu'elle reconnut, qui s'écriait avec l'éclat de la colère :

---

mineuse apparition de Béatrix. Puisse-t-elle m'encourager de son sourire, de ce sourire sérieux d'amour et de grâce, qui exprime à la fois la confiance et la pitié pour les peines de l'épreuve, pour les ennuis d'un exil qui doit finir, présage doux et serein, où se lit dès à présent la certitude de nos espérances infinies, la grandeur de nos destinées définitives. »

1. Célèbre amateur d'antiquités, dont la collection fait à présent partie du Musée britannique. Lors du blocus continental, M. Cocgell s'était trouvé, comme tous ses compatriotes, prisonnier sur le continent.

—Qui donc a eu l'insolence de prendre sur toute la route les chevaux que j'avais commandés?

Madame Récamier ouvrit la porte de sa chambre, et apparaissant dans toute la splendeur de sa beauté, dit en souriant au voyageur irrité :

—C'est moi, monsieur le duc, qui ai eu cette insolence.

Fouché, duc d'Otrante, car c'était lui, fit une exclamation de surprise, et son irritation se changea en sourire quand il reconnut madame Récamier [1].

—Vous allez donc à Naples, lui demanda-t-il.

—Et vous-même, monsieur le duc?

—Oui, madame, répondit-il, je voyage pour ma santé et pour celle de mes enfants.

Madame Récamier le regarda avec un regard qui voulait dire que sans doute un tout autre motif conduisait à Naples le ministre de Napoléon.

Les armées des alliés s'avançaient contre la France, dirigées de loin par un Français qui était devenu sou-

---

1. Fouché, que madame Récamier retrouvait d'une manière si imprévue, avait eu précédemment avec elle des rapports assez suivis. En 1805, ce ministre avait entrepris de décider madame Récamier à accepter une place à la cour. Il s'agissait d'un titre de dame du palais de l'une des sœurs de Napoléon, de la princesse Caroline. Le rang était le même que celui de dame de l'Impératrice; et l'on n'était pas exposée, ajoutait Fouché, aux *jalousies* de Joséphine. Après quelques conversations où Fouché semblait n'exprimer qu'une idée de lui, il en vint à une proposition formelle au nom de

verain d'un pays étranger. Bernadotte[1], dès longtemps mécontent des exigences de Napoléon, avait pris parti contre lui, et l'Empereur en était venu à craindre qu'un autre de ses compagnons d'armes, son beau-frère, roi par ses mains, ne suivît l'exemple de Bernadotte.

L'Autriche et l'Angleterre sollicitaient Murat de se détacher de la France; Murat inclinait à accepter la protection de l'Angleterre.

C'est dans ces circonstances que Fouché avait reçu l'ordre de l'Empereur de se rendre en toute hâte à Naples, et d'agir sur l'esprit de Murat, et surtout sur l'esprit de la reine Caroline, sœur de l'Empereur.

---

l'Empereur. Le refus positif de madame Récamier mit un terme à ces sollicitations ; il est permis de penser que ce fut là un des motifs de la malveillance de Napoléon envers madame Récamier.

(*Note de madame L. C.*)

1. Dans un piquant article de M. Loève-Weimars sur Benjamin Constant, on trouve le récit suivant d'une curieuse entrevue de Bernadotte et du célèbre publiciste, qui se rapporte aux circonstances que nous indiquons ici :

« A Gœttingue, au milieu des débris de la grande armée, et à la vue des malheureux soldats mutilés de la retraite de Moscou, qui traversaient sa paisible ville ; au bruit du canon de Bautzen et de Leipzig, Benjamin Constant écrivit son ouvrage sur l'esprit de conquête et l'usurpation. A ce signe de vie politique donnée pour la première fois depuis dix ans, Benjamin Constant vit accourir à lui un homme qui jouait alors un singulier rôle dans le Nord : Bernadotte, qui venait de prendre place dans la coalition des rois contre Napoléon,

Madame Récamier et le duc d'Otrante arrivèrent en même temps à Naples.

A peine madame Récamier fut-elle installée à Naples à l'*hôtel d'Angleterre* qu'un officier de la cour se présenta chez elle pour lui exprimer, au nom de la reine, le bonheur que Sa Majesté aurait à la revoir. Madame Récamier et la reine Caroline s'étaient connues sous le Consulat, et ces deux femmes, également distinguées par l'esprit et par le cœur,

---

parut un jour dans sa chambre, à Hanovre, où il s'était retiré depuis quelques mois, pour éviter le tumulte des passages militaires ; et là, dans un dîner tête à tête, qu'ils firent ensemble, le prince royal de Suède et lui épanchèrent leurs vieux sentiments.

« Benjamin Constant ne doutait plus de la chute du colosse ; il voyait la liberté renaître pour la France ; mais il voulait que le pays reprît lui-même ses droits, et il craignait son anéantissement, s'il se laissait envahir par la coalition. Il conjura Bernadotte, qui exerçait ostensiblement une grande influence sur les souverains, de faire donner à la France un gouvernement de son choix, et une constitution à la fois libérale et modérée : Bernadotte ne lui cacha pas qu'en dépit de toutes les marques d'amitié qu'il recevait des rois alliés, il était l'objet de leur défiance secrète. Il le supplia, à son tour, d'employer madame de Staël, qui avait un grand crédit près de l'empereur Alexandre, pour lui faire comprendre que lui seul, Bernadotte, offrait assez de garanties à la France et aux puissances étrangères, pour établir un gouvernement durable sur les débris de l'Empire et de la Révolution ; enfin, disait plus tard Benjamin Constant, dans une conversation intime, je vis un homme qui brûlait d'envie d'être roi de France, et qui ne voulait pas risquer de n'être pas roi de Suède. Mais comme il était Béarnais et Gascon, ajoutait-il, il nous fut impossible de nous entendre. »

(Loève-Weimars.)

avaient gardé, à travers leur fortune diverse, une vive sympathie l'une pour l'autre[1].

Le lendemain, une lettre de la reine engageait madame Récamier à venir au palais ou, si elle y répugnait, à assister à une fête peu nombreuse que donnerait pour elle, à la résidence royale de *Capodimonte*, le marquis de Gallo, ministre des affaires étrangères. Le roi et la reine devaient se rendre à cette fête pour y rencontrer madame Récamier. Une aussi gracieuse invitation fut naturellement acceptée par madame Récamier. Le roi lui témoigna une courtoisie particulière; la reine la traita comme une amie, et lorsqu'elles se séparèrent elles se promirent de se voir souvent.

Quelques semaines après, madame Récamier, en arrivant au palais, trouva la reine Caroline et le roi dans un des salons s'ouvrant sur les terrasses qui dominent la mer. Murat paraissait fort agité; la figure de la reine était plus calme. Tout à coup elle dit à madame Récamier :

—Je vous laisse avec lui, il désire connaître votre sentiment sur le parti que nous sommes forcés de prendre.

La sœur de Napoléon sortit en prononçant ces paroles.

---

1. Voir, tome II, pages 315 et suiv. de *l'Italie des Italiens*, les lettres de madame Récamier à la reine Caroline Murat.

Madame Récamier avait tressailli ; elle savait les bruits qui couraient sur la rupture de Murat avec la France ; elle avait refusé jusque-là d'y ajouter foi ; elle venait de comprendre que ces bruits étaient fondés. Quoique proscrite par l'Empereur, la noblesse et la droiture de son caractère se révoltaient à cette idée de la trahison d'un Français contre la France !

Ce sentiment d'indignation éclata dans son regard.

Murat comprit ce qui se passait en elle : — Parlez-moi donc, s'écria-t-il sans s'expliquer davantage, que pensez-vous ? que dois-je faire ?

—Je pense que vous devez tout à l'Empereur, que vous êtes son frère et que vous ne pouvez pas séparer votre fortune de la sienne !

Et en parlant ainsi cette noble femme, dans toute la puissance de sa beauté, debout devant Murat, était comme la personnification de la France qui lui reprochait son abandon !

Quelques larmes jaillirent sur la figure du roi soldat :

—Eh bien donc! je suis un traître, s'écria-t-il, car il n'est plus temps !

Et ouvrant violemment la fenêtre, il montra du geste à madame Récamier l'escadre anglaise qui entrait dans la rade de Naples.

Madame Récamier cacha sa tête dans ses mains et se prit à pleurer.

Murat repoussa le volet de la fenêtre et tomba accablé dans un fauteuil.

La reine Caroline revint en cet instant. Sa figure pâle et résolue rappelait celle de l'Empereur son frère :

—L'heure est passée de vous repentir, dit-elle à Murat : vous le savez, je me suis d'abord opposée à cette détermination cruelle, mais peut-être nécessaire. Il faut maintenant faire bonne contenance ; allez et montrez-vous au peuple qui vous attend. Elle le décida à sortir et resta au palais avec madame Récamier.

Lorsque Murat rentra, après une courte absence, il était tout ranimé ; le peuple l'avait accueilli par d'enthousiastes acclamations ; Naples venait d'ouvrir son port aux Anglais comme à des alliés qui lui garantissaient la paix, et le beau-frère de Napoléon, croyant ainsi sauvegarder son royaume et conserver sa couronne, s'efforçait de se persuader qu'il accomplissait un devoir.

Le soir de ce jour, il y eut grand spectacle au théâtre *San Carlo*. Le roi et la reine de Naples se montrèrent dans leur loge avec des officiers anglais et le général Niepper, envoyé de l'Autriche.

Frappant et étrange rapprochement ! Ce général Niepper, qui venait de détacher de la cause de la France le beau-frère et la propre sœur de l'Empereur, devait plus tard épouser sa veuve ou, pour parler plus juste, séduire et corrompre sa femme, avant même qu'il n'expirât à Sainte-Hélène!

Dans cette soirée mémorable, madame Récamier occupait une loge voisine de la loge royale; malgré les puissantes préoccupations de cette journée, tous les regards se tournaient vers cette femme, dont la beauté, la grâce et l'esprit exerçaient une souveraineté inaliénable plus digne d'envie que celle des reines. Triste au milieu de l'éclat et de l'admiration qui l'entouraient, madame Récamier considérait la salle envahie par les Anglais et les Autrichiens, et la loge vide de l'ambassadeur de France, vers laquelle Murat et la sœur de Napoléon tournaient involontairement les yeux. Sans doute ils y voyaient apparaître l'ombre de l'Empereur désolée et menaçante!

Quelque temps après, on apprit à Naples la capitulation de l'armée française et le départ de Napoléon pour l'île d'Elbe.

Un matin, après ces sinistres nouvelles, madame Récamier alla voir la reine Caroline ; elle la trouva dans son lit, entourée des dames de la cour et de la noblesse napolitaine. Tant que durèrent les présentations, la reine garda une contenance ferme, un visage serein. Mais aussitôt qu'elle se trouva seule avec madame Récamier, elle ne retint plus ses larmes, et s'écria en lui montrant les journaux français :

—Oh! mon noble frère, ils l'ont insulté ! Lisez, quelles scènes affreuses se sont passées à Orgon ! L'Empereur être outragé en France !—Et elle pleura longtemps.

Le jour où madame Récamier me confia ces souvenirs, je me souvins, qu'en 1837, lorsque la reine Caroline séjourna quelques mois en France, sous le nom de comtesse de Lipona[1], je l'avais vue dans la maison qu'elle occupait rue Ville-l'Évêque. Alors, ce n'était plus la reine abandonnant son frère pour garder une couronne ; c'était une pauvre exilée, obligée de cacher son nom, et venant demander à la France une indemnité de fortune en souvenir de la gloire de Napoléon. Je la trouvai bienveillante, digne et encore belle. Elle me parla avec une véritable émotion des sentiments qu'elle avait éprouvés en revoyant la France.

La mémoire de Napoléon était partout ; son trône était tombé, sa renommée restait retentissante. La reine Caroline rappelait avec orgueil le lien du sang qui l'unissait de si près à la gloire nationale.

Elle entra dans des détails qui me touchèrent :

—Hier, me dit-elle, j'étais au Théâtre-Français,

---

1. Anagramme de Napoli.

dans une *loge grillée;* mademoiselle Mars jouait; cette voix toujours si fraîche, ce talent toujours si jeune, m'ont fait illusion; un moment je me suis revue dans cette même salle, non point cachée comme j'étais hier, mais en reine, assise auprès de l'Empereur qu'entouraient sa famille et sa cour. Tout le passé s'est ranimé pour moi; ça n'a été qu'une illusion d'un instant, mais elle a été bien délicieuse et bien puissante.

Après quelques mois de séjour à Naples, madame Récamier revint en France. Les Bourbons y régnaient. Les droits des souverainetés fondées par Napoléon se discutaient au congrès de Vienne; Murat craignait d'être dépossédé. La reine Caroline écrivit à madame Récamier pour la prier de confier à quelque publiciste renommé la rédaction d'un mémoire où serait défendu le trône de Murat. Ce mémoire devait être envoyé aux souverains de la Sainte-Alliance, qui allaient, à leur gré, décider du sort du monde. Madame Récamier songea, pour cet écrit, à Benjamin Constant. Elle l'invita à passer chez elle. C'était le 30 août 1814; il vint; ils eurent ensemble une entrevue qui dura quatre heures. Ils s'entretinrent d'abord des destinées d'un royaume. Mais lui, tandis qu'elle parlait, oubliait d'aussi graves intérêts; il cédait à l'attrait de la voir et de l'entendre; sa beauté le troublait, sa voix lui donnait le vertige; son regard rallumait l'amour dans son cœur refroidi; éperdu, rajeuni, dédaigneux de toute autre espérance, il buvait le philtre que lui versait sans le vouloir celle qu'on pourrait appeler une pure et bienfaisante Circé.

Les lettres qu'on va lire sont l'expression de cet amour, le dernier et le plus vrai d'une vie agitée.

Louise COLET.

1845.

LETTRES

DE

BENJAMIN CONSTANT

A Mme RÉCAMIER

PREMIÈRE SÉRIE

1814

LETTRE PREMIÈRE

« 1ᵉʳ septembre 1814.

« Voici le Mémoire ; ne me le renvoyez pas ; il pourrait se perdre, parce que je suis obligé de sortir. J'irai le prendre à l'heure que vous voudrez, et nous le lirons ensemble. Savez-vous que je n'ai rien vu durant cette vie, déjà si longue, et que vous troublez, rien au monde de pareil à vous ? J'ai porté votre image chez M. de Talleyrand, chez Beugnot, chez moi, partout. J'en suis triste et presque étonné. Certes, je ne plaisante pas, car je souffre. Je me retiens sur une pente rapide. Il vous est égal de faire souffrir dans ce genre. Les anges aussi ont leur cruauté. Enfin, pour l'amour du roi Joachim, remettez-moi le Mémoire vous-même. Il ne serait pas prudent de me l'envoyer. Partez-vous ce soir ? Allez-vous à Angervilliers ? Dimanche, ou quand vous voudrez ! Que me font mes autres engagements ? Revenez-vous demain ? Votre absence m'importune. Savez-vous que vous avez mis quelque volonté à me rendre fou? Que ferez-vous si je le suis? Enfin, le Mémoire en main propre aujourd'hui. C'est un devoir à vous de ne pas le risquer, c'est un devoir de diplomatie. »

LETTRE II

« 2 septembre 1814.

« Demain soir, demain soir, — qu'est-ce que c'est que ce soir-là ? il commence pour moi à cinq heures du matin. — Demain, c'est aujourd'hui ; — grâce à Dieu, hier est passé. — Je serai donc à votre porte à neuf heures. — On me dira que vous n'y êtes pas. Je souffre d'avance de ce que je souffrirai. — Je parie que vous ne me croyez pas ? — C'est que vous ne me connaissez point ; il y a en moi un point mystérieux, — tant qu'il n'est pas atteint, mon âme est immobile, — si on le touche, tout est décidé. — Il est peut-être encore temps, — je ne pense qu'à vous, mais je puis peut-être encore me combattre. Je n'ai vu que vous depuis ces deux jours, — tout le passé, tout votre charme, que j'ai toujours craint, est entré dans mon cœur. — Il est de fait que j'ai peine à respirer en vous écrivant. — Prenez-y garde, vous pourrez me rendre trop malheureux pour n'en être pas malheureuse. — Je n'ai jamais qu'une pensée, — vous l'avez voulu, — cette pensée, c'est vous. — Politique, société, tout a disparu.—Je vous parais fou, peut-être ;—mais je vois votre regard, — je me répète vos paroles, — je vois cet air de pensionnaire qui réunit tant de grâce à tant de finesse.—J'ai raison d'être fou.—Je serais fou de ne l'être pas.

« A ce soir donc, mon Dieu! si vous n'êtes pas la plus indifférente des femmes. Combien vous me ferez souffrir dans ma vie!—Aimer, c'est souffrir.—Mais aussi, c'est vivre.—Et depuis si longtemps je ne vivais plus!—Peut-être n'ai-je jamais vécu d'une telle vie. —Encore une fois, à ce soir. »

LETTRE III

« Saint-Clair[1], lundi 2 octobre.

« Pardon, pardon, oh! si vous saviez tout ce que je souffre. Pardonnez-moi si je suis si près de vous, je n'approcherai pas davantage. Personne ne me verra. Enfermé dans une chambre d'auberge, j'attendrai votre réponse.

« J'attendrais six heures pour une ligne de votre écriture et je retournerais à Paris. Je ne vis pas sans vous. J'erre blessé à mort, sans moyen de retrouver de la force, et j'aime bien mieux me fatiguer à cheval que me consumer dans la solitude ou au milieu d'un monde qui ne m'entend plus, auquel je suis étranger, et qui ne sait que s'étonner de ma tristesse et lui prêter des causes absurdes. Je ne m'en relèverai pas, je le sens; mais j'attends votre réponse pour vous

---

1. Dans le voisinage d'Angervilliers.

délivrer de moi. Dites-moi de partir, et vous ne serez plus tourmentée par un homme dont un mois a bouleversé l'existence et la raison.

« Avez-vous ma lettre d'hier? Si vous ne l'avez pas encore reçue, vous devinez assez ce qu'elle contient. Aimé de vous, je pourrais tout supporter, même l'absence : l'idée que vous pensez à moi me soutiendrait; mais je n'ai aucun appui, aucune idée consolante. Je me meurs de douleur. Voulez-vous que je vienne demain avec Auguste de Staël et Victor de Broglie? Cela n'a nul inconvénient, et mon refus frapperait plutôt que mon arrivée; mais alors accordez-moi une promenade, une demi-heure d'entretien. Je vous importune, je vous plains même de mon importunité. Pardon! pardon! Si l'affreux obstacle dont vous m'avez menacé est invincible, je partirai, vous ne me reverrez plus. Il faut à tout prix vous épargner de la peine. Un mot de réponse, un mot de votre main. Dites-moi si je puis venir; mais ne me laissez pas venir si vous n'avez rien de consolant à me dire. Pardon encore et pitié! Jamais on n'a aimé comme je vous aime; jamais on n'a souffert autant que je souffre. Adieu, je partirai dès que mon messager sera revenu.

« Si les autres ne viennent pas, hélas! je ne viendrai pas non plus. »

LETTRE IV

« Samedi.

« Je suis rentré chez moi, inquiet et troublé de votre conversation de ce soir, non que je me plaigne de vous et de votre adorable bonté, qui est si nécessaire à ma vie ; mais, gêné par la présence d'un tiers [1], je n'ai pas assez bien plaidé ma cause ; occupé trop uniquement de vous, je n'ai pas assez senti que mon sort était dans ses mains, que vous le consulteriez, et qu'il pourrait, sans vouloir me nuire, mais faute de me connaître, vous donner des impulsions funestes. J'étais sur le point, avant de sortir, de me jeter à ses genoux pour le supplier de ne pas me faire de mal. Mais tout ce qui me paraît théâtral me répugne, même quand c'est vrai. Je prends donc le seul parti qui me reste ; je vous écris avant de me coucher et

---

1. M. Ballanche.

de chercher un peu de repos, si j'en puis trouver. J'ai tâché de vous parler devant lui avec bien du calme, et de n'exprimer que le sentiment dont personne ne peut me blâmer.

« Et, en effet, je vous le jure ; je ne sais pas si j'ai plus d'amour pour vous que d'affection profonde et désintéressée. Pourquoi donc vous effrayer de ce sentiment qui, sans gêner du tout votre vie, peut faire le bonheur, le seul bonheur de la mienne? Je respecte toutes vos volontés ; je me soumets à tous vos ordres. Pourquoi craindriez-vous de me permettre d'être votre premier ami, l'ami le plus dévoué, sans autre prétention, sans autre titre que mon sentiment, à un peu de préférence d'amitié? Je ne sais ce qui peut vous inquiéter. Vous me connaissez si bien, vous savez tellement quel est votre empire ; vous savez comment un seul de vos regards m'arrête et me subjugue. Que craignez-vous donc? de me faire souffrir? Un mot de vous, un léger signe d'affection, une attention bienveillante, quand vous m'aurez fait de la peine, changeront cette peine en plaisir.

« Je ne vous ai dit ce soir aucune des choses que j'aurais dû vous dire. Vous avez demandé si souvent ce que vous deviez faire et ce qui résulterait de ma passion pour vous : je vais vous le dire, ange du ciel, ce que vous devez faire et ce qui en résultera : cette passion n'est pas un amour ordinaire. Elle en a toute

l'ardeur, elle n'en a pas toutes les bornes. Elle met
à votre disposition un homme spirituel, dévoué, courageux, désintéressé, sensible, dont, jusqu'à ce jour,
les qualités lui ont été inutiles parce qu'il lui manque
la raison nécessaire pour les diriger. Eh bien ! soyez
cette raison supérieure, guidez-moi tandis que mes
forces sont entières et que le temps s'ouvre devant
moi, pour que je fasse quelque chose de beau et de
bon. Vous savez comme ma vie a été dévastée par des
orages venus de moi et des autres, et malgré cela,
malgré tant de jours, de mois, d'années prodigués,
j'ai acquis un peu de réputation.

« Né loin de Paris, j'étais parvenu à y occuper une
place importante ; aujourd'hui même, je ne puis me
le cacher, les yeux sont tournés vers moi quand on
a besoin d'une voix qui rappelle les idées généreuses.
Je n'ai pas su tirer parti de mes facultés, qu'on reconnaît plus que je ne les sens moi-même, parce que
je n'ai aucune raison. Emparez-vous de mes facultés,
profitez de mon dévouement pour votre pays et pour
ma gloire. Vous dites que votre vie est inutile, et la
Providence remet entre vos mains un instrument qui
a quelque puissance si vous daignez vous en servir !
Laissons de côté ces luttes sur des mots qui ne changent rien aux choses. Soyez mon ange tutélaire, mon
bon génie, le Dieu qui ordonnera le chaos dans ma
tête et dans mon cœur. Qui sait ce que l'avenir réserve

à la France ? Et si je puis y faire triompher de nobles idées, et si c'est par vous que j'en reçois la force, et si mes facultés qu'on dit supérieures servent à mon pays et à une sage liberté, direz-vous encore que votre vie n'a servi à rien ? Cette moralité dont vous m'accusez de manquer, rendez-la moi. La fatigue d'une exagération perpétuelle, plus pénible parce que les actions ne s'accordent pas aux paroles, cette fatigue m'a rendu sec, ironique, m'a ôté, dites-vous, le sens du bien et du mal. Je suis dans votre main comme un enfant : rendez-moi les vertus que j'étais fait pour avoir, usez de votre puissance, ne brisez pas l'instrument que le ciel vous confie ! Votre carrière ne sera pas inutile si, dans un temps de dégradation et d'égoïsme, vous avez formé un noble caractère, donné à tout ce qui est bon un courageux défenseur, versé du bonheur dans une âme souffrante, de la gloire sur une vie que le découragement opprimait. Vous pouvez tout cela, vous le pouvez par votre seule affection ; mais ce que vous ne pouvez pas, c'est me détacher de vous. Et vous ne pouvez pas non plus, avec votre nature angélique, supporter l'affreuse douleur que vous m'infligeriez.

« Vous me feriez du mal inutilement. Car, en me voyant au désespoir, mourant dans les convulsions à votre porte, ou dans votre rue, vous reviendriez sur vos résolutions, et il n'y aurait eu que de la souffrance sans résultats ; tandis qu'il peut y avoir du bonheur, de la gloire et de la morale.

« Remettez cette lettre à M. Ballanche. Je voudrais qu'il me jugeât bien, qu'il ne travaillât pas contre moi, qu'il ne m'empêchât pas de devenir par vous ce que la nature veut que je sois, ce que la Providence m'a rendu la possibilité d'être, en faisant descendre sur la terre un de ses anges pour me diriger.

« A trois heures.—Voici mon livre [1]. Oh! lisez-le! Je crois que vous y verrez partout que j'ai le sens du bien et du mal. »

---

1. Une brochure politique.

LETTRE V

« Je vous supplie de vous souvenir que vous m'avez promis de me recevoir seule aujourd'hui, à quatre heures. J'ai un besoin positif de vous parler de plusieurs choses, et je n'ai pas eu un moment pour le faire. J'ai à vous consulter, et il est vraiment temps que je vous consulte; car ma vie se perd, et je n'ai qu'une idée, celle de vous parler, et vous me fuyez toujours. Cependant, la simple amitié ne refuse pas d'entretien, et c'est un service que vous me rendrez, un vrai service, en m'en accordant un. Vous m'avez donné quatre heures pour le roi de Naples; je vous en demande une pour moi. Daignez réfléchir à ce que je suis et à ce que je souffre depuis six semaines, et écoutez-moi une fois, je vous en conjure, pour me faire du bien, sans que vous me pressiez de finir et sans que j'aie la terreur d'être interrompu. »

LETTRE VI.

« Je ne sais si ma timidité m'a bien ou mal guidé hier. La lecture de mon maudit roman [1] a duré jusqu'à minuit et demi, quelque effort que je fisse pour aller plus vite. J'aurais bien consenti à supprimer la fin, si j'avais osé le proposer, tant l'intérêt unique de mon âme anéantit tous les amours-propres, mais il n'y avait pas moyen. Sitôt la lecture finie, j'ai planté là les gens qui ouvraient la bouche pour me louer, et je suis arrivé chez vous. Je n'ai vu aucune voiture à la porte, aucune lumière en haut. J'ai frappé deux fois, on n'a pas ouvert. Il n'y avait non plus aucune lumière chez le portier. J'ai craint de mal faire en insistant. Au nom de votre bonté, je demande à me relever de cette journée d'hier où je ne vous ai pas

---

1. *Adolphe*.

vue trois minutes. J'aurais d'ailleurs des choses assez curieuses à vous dire sur une conversation de trois quarts d'heure avec M. de Forbin [1]. Je prévois qu'il prendra occasion de mon roman, pour vous dire du mal de ma sensibilité. Ne le croyez pas. Vous savez mieux que personne que je n'ai de vie et de réalité que dans l'affection. Soyez donc juste puisque vous êtes ingrate. Au nom de Dieu, que je vous voie ce matin. J'ai de bonnes nouvelles pour madame de Staël, et j'y vais de ce pas. Un mot sur l'heure où je vous verrai. »

---

1. Le comte Auguste de Forbin, d'une des plus anciennes familles de la noblesse provençale, fut un des hommes les plus beaux et les plus brillants de l'Empire; peintre et littérateur assez médiocre, il a laissé des tableaux qui sont encore dans quelques musées, des romans et des récits de voyages dont ses amis se souviennent. Chambellan du prince Borghèse, il fut très-attaché, pendant tout le règne de Napoléon, à la famille impériale *. Il avait été fort épris de la princesse Pauline. Son amour éclata avec si peu de ménagement pendant un séjour de la princesse à Aix en Provence, où elle prenait les eaux, que le prince Borghèse ordonna au comte de Forbin de partir sur-le-champ pour Rome où il le chargeait d'une mission (le mot commission serait plus juste), auprès de ses intendants. Ma mère, qui voyait souvent la princesse et qui était l'amie d'enfance du comte de Forbin, fut la confidente de son désespoir. Sous la Restauration, on voulut rompre avec ces souvenirs, on renia presque ces belles idoles tombées; on abjura le culte peut-être excessif qu'on avait eu pour elles, et l'on tenta de les transformer en divinités provocantes.

J'ai beaucoup vu le comte de Forbin dans mon enfance;

* J'ai trouvé à Naples, dans un salon du Palais-Royal, un tableau du comte de Forbin, représentant une *Vue de l'Alhambra*, offert par lui à la reine Caroline Murat.   (*Note ajoutée en* 1863.)

LETTRE VII

« Jeudi.

« Vous savez bien que toute ma vie est à votre disposition, comme le peu d'esprit que je puis avoir. Je respire ou je ne respire pas, suivant que cela vous plaît. Il y a une minute que j'étais hors d'état de parler ou de tracer une ligne ! Maintenant, mon sang coule de nouveau dans mes veines, et je sens dans mon cœur la chaleur de la vie. Et cependant, qu'avez-vous fait pour cela? vous avez daigné m'assurer que vous aviez un peu d'amitié pour moi ; vous avez daigné me commander quelque chose. Oh! prenez pitié d'une existence tellement dépendante de votre

---

ami de ma famille, parrain d'un de mes frères, il venait souvent au château de Servannes, chez ma mère. A mon arrivée à Paris en 1835, je retrouvai le comte de Forbin, ou plutôt je ne le retrouvai plus; il avait été frappé d'une vieillesse anticipée : le charme de son gracieux esprit s'était éclipsé ; il mourut peu de temps après. (*Note de madame L. C.*)

moindre signe. Que je vous laisse diriger ma conduite et que vous la dirigiez, en vous disant que vous obéir est mon but, mon seul but, comme vous aimer ma seule vie ! Je vais écrire ce que vous avez la bonté de désirer. Quelle phrase vous ajoutez à la fin ! *Que je ne la fasse pas si cela m'ennuie !* N'avez-vous pas ri en l'écrivant ? Est-ce que je m'ennuie ? Est-ce que je m'amuse ? Est-ce que je vis en moi ? A ce soir, avec mon passe-port qui seront mes notes. Il y a un tel bonheur à faire quelque chose pour vous, que vous auriez presque un moyen de vous débarrasser souvent de moi, en me demandant quelque service. N'en abusez pas pourtant. Que je travaille pour vous vingt-trois heures et demie et que je vous voie une demi-heure ! — A ce soir. »

LETTRE VIII

« Êtes-vous tranquillisée et avez-vous passé une nuit calme? Me saurez-vous une fois gré de ce que vous n'avez pas une volonté à laquelle je n'obéisse? Vous avez été témoin que je n'avais aucun tort. Me punirez-vous du tort d'un autre? Il ne manquerait plus que cela. J'ai cédé trop vite. Vous ne sentirez pas mon mérite, et vous serez ingrate comme toujours. Je vous demande cependant une récompense. J'ai besoin de savoir précisément ce que vous avez dit et fait, dans cette petite affaire. Recevez-moi un instant le plus tôt que vous pourrez, et dans tous les cas avant deux heures, ne fût-ce qu'une minute. J'en ai plus besoin que vous ne pensez, et c'est essentiel pour ma décision future. Je le mérite par ma déférence. Quand trouverai-je le moyen de vous plaire un peu, soit en me battant, soit en ne me battant pas? Quand vous ne me garderiez qu'un instant, c'est tout ce qu'il me faut. J'attends votre réponse.

« Vous devez concevoir vous-même le besoin que j'ai d'être rassuré sur deux choses : la première, que vous n'avez rien dit à M. de Nadaillac [1] qui puisse me faire tort dans son esprit, et il est si facile dans ce genre-là de donner sans le vouloir une impression fâcheuse ; la deuxième, que vous n'imaginiez pas de ne pas me voir, parce que M. de Nadaillac m'a fait une chose déplacée. Je sacrifierais toujours ma vie pour une heure avec vous, et cette fois-ci, où je n'ai aucun tort et où j'ai été d'une modération parfaite, comme il n'est question que d'un retard, j'ai un beau motif, mais tout dépend d'un de vos regards, et j'aimerai la vie jusqu'à être poltron si je crois à quelque affection de vous. Recevez-moi donc, ne fût-ce qu'une seconde, en vous réveillant. »

---

1. Le marquis de Nadaillac, royaliste ultra, disait un jour à madame Récamier devant Benjamin Constant : « Vous devriez « bien, madame, ne voir que des personnes d'une même opi- « nion. — Je trouve, madame, répliqua Benjamin Constant, « que M. de Nadaillac a parfaitement raison, pourvu que ce « fussent des personnes de la mienne ! » Ces paroles faillirent amener un duel, mais madame Récamier intervint et arrangea l'affaire. (*Note de madame L. C.*)

LETTRE IX

« Mercredi.

« Je suis rentré chez moi dans la plus violente colère que j'aie encore éprouvée. Mon malheureux cocher, à qui j'avais dit de rentrer chez lui, avait compris qu'il devait entrer, et s'était niché dans la cour, puis dans l'écurie. J'ai tremblé que je n'ébranlasse la maison, au milieu du silence qui régnait, et que vous ne m'en sussiez mauvais gré. En arrivant, j'ai grondé, payé, chassé homme, cheval et voiture; mais l'inquiétude me reste, et, au lieu de me coucher, je vous écris.

« Puisque j'ai commencé je continue. Cela m'arrive si rarement que je vous supplie de me lire. Je n'ai rien à dire, il est vrai, que vous ne sachiez; mais vous le répéter est un besoin continuel auquel je ne résiste que parce que vous m'avez inspiré presque autant de crainte que de passion. Certes, vous me devez au moins cette justice que jamais sentiment si violent ne fut moins importun. Je vous aime comme le premier jour que vous m'avez vu fondre en larmes à vos pieds. Je souffre autant à la moindre preuve d'indifférence, et elles sont nombreuses. Ma vie est une inquiétude de chaque minute. Je n'ai qu'une pensée. Vous tenez tout mon être dans votre main comme Dieu tient sa créature.

« Un regard, un mot, un geste, changent toute mon existence. Et cependant je me soumets à tout, parce que je ne pourrais vivre sans vous voir; et souvent, le cœur tout meurtri des coups que vous me portez, sans vous en douter, je me force à de la gaieté pour obtenir de vous un sourire. L'idée de voir un nuage sur votre front pour un mot que j'aurais dit me frappe de terreur. Ne voyez-vous pas combien votre empire est absolu, combien il force mon sentiment même à se maîtriser? Quand je vous contemple, quand mes regards vous dévorent, quand chacun de vos mouvements porte le délire dans mes sens, un geste de vous me repousse et me fait trembler. Oh! que je donnerais volontiers ma vie pour une heure! Mais aussi, n'êtes-vous pas un ange du ciel? n'êtes-vous pas ce que la nature a créé de plus beau, de plus séduisant, de plus enchanteur, dans chaque regard, dans chaque mot que vous dites? Y a-t-il une femme qui réunisse à tant de charmes cet esprit si fin, cette gaieté si naïve et si piquante, cet instinct admirable de tout ce qui est noble et pur?

« Vous planez au milieu de tout ce qui vous entoure, modèle de grâce et de délicatesse, et d'une raison qui étonne par sa justesse et qui captive par la bonté qui l'adoucit. Pourquoi cette bonté se dément-elle quelquefois et pour moi seul? Jamais je n'ai aimé, jamais personne n'a aimé comme je vous aime. Je vous l'ai dit ce soir, quand vous aurez à m'affliger, consolez-moi en m'indiquant un dévouement, un danger, une peine à supporter pour vous. Il est trop vrai, je ne suis plus moi, je ne puis plus répondre de moi. Crime, vertu, héroïsme, lâcheté, délire, désespoir, activité, anéantissement, tout dépend de vous. Dieu m'a remis entre vos mains. Tout le bien que je puis faire vous sera compté, tout ce que je n'aurai pas fait, vous en rendrez compte. Prenez-moi donc tout entier, prenez-moi sans vous donner; mais dites-vous bien que je suis avec vous, comme un instrument aveugle, comme un être que vous seule animez, qui ne peut plus avoir d'âme que la vôtre. O mon Dieu! si vous m'aimiez! Enfin, vous le voyez, vous m'avez à peu de frais, faites de moi ce que vous voudrez. Quand vous ne voudrez pas me voir seule, je vous suivrai de mes regards dans le monde. Si votre porte m'était fermée, je me coucherais dans la rue, à votre porte. Et pourtant, quand je vous verrai, je ne vous dirai rien de tout cela, parce que vous ne voulez pas l'entendre. Mais au moins vous pouvez le lire ; cela ne vous engage à rien. Comparez ce sentiment avec d'autres, et au fond de votre cœur, rendez-moi cette justice. Adieu ; vous me pardonnez, n'est-ce pas, de vous avoir écrit ? J'ai vingt lettres commencées depuis dix jours et que l'idée qu'elles vous importuneront m'a empêché de vous envoyer. Soyez bonne pour moi : ou bien, soyez ce que vous voudrez. Rien ne m'empêchera de vous être dévoué jusqu'à la mort. Rien n'interrompra ce culte d'amour, cette admiration enthousiaste qui est tout ce qui peut remplir mon cœur, et le seul sentiment qui me fasse vivre. Faites-moi, si vous voulez être bonne, dire un seul mot que je puisse interpréter comme un léger signe d'amitié. N'est-ce pas, vous n'êtes pas de ces femmes qui sont d'autant plus indifférentes, qu'elles sont plus sûres d'être aimées ? Non, vous êtes, en figure, en esprit, en noblesse, en pureté, en délicatesse, l'être idéal que l'imagination concevrait à peine si vous n'existiez pas.

« Il est cinq heures, à sept ou huit je me lèverai pour faire le bulletin. Je ferai un article quand vous le voudrez pour *Antigone*[1]. J'achèverai mon livre. Je travaillerai pour vous. Donnez-moi donc plus de

---

1. L'*Antigone* de M. Ballanche.

choses et des choses plus difficiles à faire. Demandez-
moi la moitié de ma fortune pour les pauvres; la
moitié de mon sang pour une cause qui vous intéresse; servez-vous de moi de quelque manière, et
quand je vous aurai bien servie, pour me récompen-
ser de mon zèle, servez-vous de nouveau de moi. »

LETTRE X

« J'ai donc examiné ma maison [1]. Le pavillon qui est dans la cour, et qui est habité par un homme qui n'a ni raison ni droit d'y rester, conviendra très-bien à nos dames [2]. Il y a une très-belle chambre, à ce que mes gens m'ont dit, et à côté il y a moyen d'en faire arranger une autre à très-peu de frais. Je m'en charge. De la sorte, elles ne gêneront en rien personne des habitants présents ou futurs de ma maison, et leur domicile y sera pour la vie. Elles auront même un avantage pour moi, parce que si, comme je le crois, madame de Constant n'a pas envie de passer tout l'hiver dans un quartier si éloigné, leur présence me dispensera de laisser une partie de mes gens dans

---

1. Située rue de Berry.
2. Mesdames Mongès, deux vieilles dames qui avaient perdu leur fortune, et auxquelles s'intéressait madame Récamier. (*Note de madame L. C.*)

cette maison quand nous irons loger ailleurs, trois ou quatre mois. Il y aurait encore moyen de les mettre au troisième, mais il n'y a que de petits trous, ou au rez-de-chaussée, mais il est laid ; le pavillon vaut mieux, à condition que je les loge pour rien. Je contribuerai aussi à la petite pension à leur faire, mais je veux avoir l'avantage de les loger. Je vous prie donc de ne pas revenir sur nos conventions. Loger ces deux personnes est ma fantaisie. Vous conviendrez que je pourrais en avoir de plus coupables, et que, voulant loger chez moi deux femmes, j'en pourrais prendre qui seraient moins à l'abri de tout soupçon. Maintenez-moi dans le chemin de la vertu. Au reste, je m'y maintiendrai bien moi-même; car, si en réponse à ce billet vous ne me permettez pas de laisser un libre cours à ma bienfaisance, je m'adresserai directement à ces deux personnes. J'ai déjà écrit à M. Dalmassy[1] pour avoir leur adresse qu'il m'a envoyée. J'irai donc et je leur porterai des secours et mes offres que je leur ferai bien accepter. Je voulais y aller tout de suite sans vous le dire, rue de Fourcy, 1, au coin de la rue des Nonaindières; mais j'ai pensé que la vue d'un inconnu les peinerait, et ma délicatesse m'a retenu. Vous voyez qu'aucune vertu ne m'est étrangère, mais c'est à condition que je n'y

---

1. Parent de madame Récamier.

perdrai pas, et qu'on ne m'enlèvera pas mes deux femmes. Je vous demande donc un mot qui m'assure cette propriété sur votre parole.

« Comme je n'ai qu'une pensée, vous savez bien que tout ce qui y tient m'occupe uniquement et que rien ne m'échappe. Je vous dirai donc que je crains de ne pas vous voir aujourd'hui, si vous ne daignez vous en occuper. Mathieu[1] va faire à neuf heures une visite avec madame de Staël je ne sais où, et la mène ensuite chez vous vers dix ou onze heures. C'est l'heure que vous m'aviez fait espérer. Je recommande mon sort à votre charité. Je ne vous ai presque pas vue hier. Un mot de réponse aussi sur ce point, qui est tout pour moi.

« J'attends une ligne pour ma bienfaisance, et une autre pour le seul bonheur que j'espère, celui de vous voir. »

---

1. De Montmorency.

LETTRE XI

« Savez-vous qu'il est un peu dur de dépendre de madame de Staël ; comme vous m'avez remis dans sa dépendance, d'après vos ordres et votre silence, je m'arrange pour passer la soirée avec elle jusqu'au bal. Voilà qu'elle veut aller au spectacle et me renvoie à sept heures. Je lui demande une place, elle me la refuse, parce qu'elle l'a donnée, dit-elle, à M. de Roca. Je suis donc rentré à sept heures et demie, j'aurais été chez vous, j'ai eu peur de vous déplaire, et j'en ai peur encore. Je ne puis aller chez madame de B... qu'à dix heures et demie ; mais je puis rester chez moi. Voyez-vous de l'inconvénient à ce que je passe une heure chez vous ? Alors, faites-moi dire *que vous me verrez demain*. Si vous voulez me recevoir, faites-moi dire que vous me permettez de passer ce soir. Je me conformerai à vos volontés. Ne voyez en ceci qu'une chance inespérée, à laquelle je renoncerai sans murmurer en comptant sur demain, et, voyez-y avec indulgence la preuve que je ne suis jamais une minute occupé d'autre chose que de vous; songez que de la part d'un autre cela vous flatterait, et je ne vaux pas moins parce que je vous aime plus. »

LETTRE XII

« Lundi.

« Schinina [1] sort de chez moi. Il m'a communiqué une idée qui vient de vous. Cela me suffirait pour l'adopter, quelle que fût sa nature, si une longue et triste expérience ne m'avait appris que je ne suis plus moi, et que, pour donner sur moi-même une garantie, il faut qu'on me donne à moi-même une garantie dans ce qui est aujourd'hui toute ma raison et toute ma vie. Il ne faut pas que vous vous engagiez pour moi avec vos amis de là-bas, de manière à vous donner un air d'inconséquence, si je ne tiens pas vos paroles [2], et cependant ce n'est pas de moi, c'est de vous et de vous seule qu'il dépend que je les tienne. Ne me re-

---

1. Ministre de Murat à Paris.
2. Il est ici question d'une mission à remplier au congrès de Vienne et pour laquelle madame Récamier avait songé à Benjamin Constant. (*Note de madame L. C.*)

prochez pas de mêler du sentiment dans une chose qui vous paraît plus grave et plus importante. Chacun fait ce qu'il peut. Les trônes du monde, la richesse, la vie, la mort, le succès, la gloire, l'exil, l'échafaud, tout cela ne m'est rien à côté d'un signe d'affection de vous, à côté d'un tête-à-tête d'une demi-heure. Je renoncerais à tous les biens de la terre, je braverais tous les maux, pour être un de vos premiers amis. Rien ne peut me donner aucune force quand je crois que vous ne m'aimez point, et j'aurais beau avoir pris tous les engagements du monde, ma tête se perdrait et je n'en tiendrais aucun si je vous retrouvais, ou pour mieux dire si je continuais à vous trouver, comme vous l'avez toujours été, insouciante à mes douleurs, indifférente à ma présence, ne me donnant pas un signe de vie, quand vous savez que je souffre le martyre, en m'éloignant de vous, enfin ce que vous avez été, ce que vous êtes de re; car si je suis mieux, c'est à ma résignation, et non pas à votre amitié que je le dois. Expliquons-nous donc bien ensemble. Je suis prêt à tout, je serai le correspondant le plus exact, aucun inconvénient ne m'arrêtera, aucune considération ne mettra obstacle à mes efforts pour servir une cause qui vous intéresse, si, au lieu de ne m'accorder que ce que je vous arrache, au lieu de ne jamais me recevoir seule, et de me négliger plus que vous ne faites pour personne, vous daignez me soutenir par les témoignages d'une amitié dans laquelle je puisse remarquer quelque préférence. Je fais donc mes conditions. Je demande que vous ne vous fassiez plus une règle de me prouver votre indifférence, que vous n'étouffiez pas dans votre propre cœur le peu de pitié que vous avouez même avoir étouffé, quand la vue de ma tristesse vous portait à me donner quelque léger signe d'intérêt, sous le prétexte que ce serait un encouragement au sentiment que vous voulez décourager. Vous voyez bien qu'il ne se décourage pas, et qu'ainsi vous me faites de la peine en pure perte. Je demande enfin que, chaque jour, comme vous voudrez, car mes heures ne s'écoulent et ma vie ne se prolonge que dans ce seul but, je vous voie seule une demi-heure, et que si, car je suis raisonnable et me plie aux possibilités, que si, dis-je, quelque circonstance met, pour un jour ou deux, obstacle à l'exécution de cette promesse, vous vous regardiez comme liée à m'en dédommager le jour suivant. Je vous jure que si je pouvais vivre à moins, je le ferais ; mais je sais très-bien à quel point ce que je demande est nécessaire, et quand j'aurai promis et que je ne pourrai pas tenir, je vous aurai compromise aux yeux de vos amis d'Italie, j'aurai donné en apparence une preuve de plus d'inconséquence, et j'aurai tout fait manquer. Voyez donc jusqu'où va votre intérêt pour la cause de ceux que vous voulez servir, votre reconnaissance, votre enthousiasme pour de nobles idées, votre ambition de contribuer à une belle cause, et prononcez. Je suis votre instrument, mais il faut savoir se servir de cet instrument. Il sera excellent si vous voulez; mais si vous le jetez à terre, il se brisera, et, dans l'explosion, il pourra faire du mal à droite et à gauche. Je suis tout calme et tout raison quand vous ne me percez pas le cœur : de sorte que c'est vous seule que vous auriez à craindre, et non pas moi dont vous disposeriez sans réserve si vous daignez en disposer. Mais il est indispensable que vous vous consultiez, et si je vous suis trop importun, si, comme cela est déjà arrivé, vous abjurez, au bout de deux jours, toutes vos promesses de pitié, il vaut mieux ne rien commencer. Tous mes arrangements sont faits pour partir et sans en parler; je n'attends, pour me jeter sur la grande route, que le premier moment de courage pour vous quitter, et des affaires qu'au fond je ne fais pas ne serviront plus de prétexte à mon cœur pour retarder mon départ. Voyez donc. La question est de savoir si votre intérêt pour la cause peut l'emporter sur votre indifférence pour moi. Si cela est, mon temps, ma vie, mon sang, tout est à cette cause ; si cela n'est pas, ne me faites pas commencer ce que je ne pourrais achever. Vous savez assez que je n'ai point d'amour-propre; que si je crois que vous ayez une vraie et particulière amitié pour moi, je serai heureux ; que je vous suis dévoué, comme on ne le fut jamais ; que je ne calcule ni intérêt, ni péril, ni fatigue ; que je n'ai qu'une pensée et qu'un besoin. Mais j'ai aussi tous les défauts de ces qualités. Je ne puis supporter votre indifférence. Je ne le puis. Rien ne m'est possible quand je crois qu'aucun lien d'affection n'existe entre nous. Ainsi, à côté de tout ce que j'entreprendrai pour vous plaire, il y aura toujours un danger si vous n'y prenez garde : celui d'un désespoir subit, irrésistible, dont vous n'avez aucune idée, mais qui, plus d'une fois, a épouvanté les autres, et qui, à la première violation d'une promesse sur laquelle j'aurais reposé toute mon existence, peut me saisir et m'entraîner. Il est d'autant plus nécessaire que cette question soit résolue, que, dans le cas où j'accepterais, Schinina m'a parlé de courriers, etc., choses qui m'obligeraient à reprendre ce que je lui ai fait remettre. Or, ne m'exposez plus à cela si tout n'est pas invariablement décidé en vous. Je sens que vous pourriez croire que je me serais lié par là ; mais, sans votre amitié, rien ne peut me lier, parce que rien ne peut me faire vivre, et qu'un homme aurait beau promettre de vivre sans respirer, il étoufferait. Voyez donc. D'un côté, l'Italie, une noble carrière, mille belles choses ; de l'autre, une demi-heure de tête-à-tête par jour. Je passerai chez vous à cinq heures. »

LETTRE XIII

« Non, je ne refuserai pas. Quand vous recevrez ceci, tout sera décidé, mes engagements seront pris et j'aurai soin de les prendre irrévocables. J'hésitais encore avant notre dernière conversation. Je brûlais d'être seul avec vous, dans l'espoir vague de vous attendrir. Mais, en vous écoutant, j'ai senti que j'obtiendrais vainement d'un attendrissement passager des promesses que vous ne tiendriez pas, et mon cœur s'est refusé à toute tentative d'ébranler par la vue de ma douleur une âme sur laquelle je n'aurais que le pouvoir du moment. J'aimerais mieux mourir que de passer encore trois mois comme les deux qui viennent de s'écouler. Je ne puis habiter la ville que vous habitez. Je ne puis prolonger ce supplice de chaque minute, cette crainte, cette attente, ce trouble avant d'arriver chez vous, ce désespoir quand je ne vous trouve pas, cette dévorante impatience quand je ne puis vous parler seule. Le ciel m'offre un moyen de finir ce tourment. Quel que soit ce moyen, je l'embrasse, comme un dernier essai de salut. Je vous ai bien observée. Ce n'est pas mon départ qui vous afflige, c'est que ce départ soit une chose qui vous semble inconvenante. Vous me laisseriez partir avec aussi peu de regret qu'Adrien de L...., ou que tout autre, si vous trouviez la carrière[1] où j'entre exempte de tout blâme aux yeux de la société.

---

1. Le roi Murat avait fait proposer à Benjamin Constant de se rendre au congrès de Vienne pour y défendre ses intérêts, mais incognito, sans mission ostensible. Madame Récamier demandait pour Benjamin Constant un titre officiel, et finit par le décider à refuser une mission secrète.

Le mémoire rédigé par Benjamin Constant avait paru sans nom d'auteur; il fit sensation et fut cité au parlement d'Angleterre, dans une discussion sur les affaires de Naples. La reine Caroline envoya 20,000 fr. et une décoration à Benjamin Constant pour prix de son travail; il refusa noblement l'argent et la croix.

Pourquoi n'a-t-il pas montré le même désintéressement en 1830? Pourquoi a-t-il eu la faiblesse d'accepter alors un don par lequel on espérait enchaîner sa conscience? Cette faiblesse a été interprétée et commentée souvent avec tant de malveillance et d'exagération, que je crois devoir citer ici l'explication impartiale que M. Loève-Weimars en a donnée dans son travail sur Benjamin Constant.

(*Note de madame L. C.*)

« On vous aura dit que Benjamin Constant avait contracté avec le gouvernement de Juillet un de ces engagements secrets qu'il est bien difficile de rompre; vous avez dû remarquer que je cache peu la vérité!... Loin de détourner vos soupçons, je vous dirai donc que ces bruits sont très-fondés, et que Benjamin Constant reçut, pour l'affermir dans son

« Moi, ce n'est pas le blâme qui m'importe ; ce n'est pas la carrière où j'entre qui m'intéresse, c'est la fin d'une longue et horrible agonie dont vous n'avez eu aucune pitié. Si je refusais, je perdrais bientôt à vos yeux ce qui à présent me porte à croire que vous feriez pour moi plus qu'auparavant. Je n'ai d'avantage que votre crainte sur mon sort, et l'espèce de remords qui vous agite. Rassurée, vous redeviendrez froide et insouciante.

---

adhésion à la royauté de Louis-Philippe, une somme de *deux cent mille francs* dont il avait grand besoin, mais que j'aurais bien voulu lui voir arriver d'une autre source, fût-ce même du jeu, comme sa maison, qui le rendit éligible ; sans doute elle est honteuse cette offrande secrète, et c'est une triste misère que cette somme glissée sourdement dans la main de ce pauvre grand homme, tandis qu'on aurait dû la lui présenter comme une rémunération nationale, à la face du peuple et dans un vase d'or pareil à celui que la ville de Londres offrit à Wilkes. . . . .
Si vous saviez comme cette révolution de Juillet le trouva épuisé et dénué d'espérance. Si vous connaissiez seulement une partie des épreuves fatales par lesquelles il avait passé dans ces dernières années d'opposition, et qui lui avaient appris à juger les hommes dont il était entouré, à prévoir leur désertion et leur apostasie ! Nous autres, qui n'assistions pas au secret de ces conférences journalières, où chaque jour, dans le laisser-aller familier des causeries intimes, quelqu'un de ces hommes laissait tomber le masque, nous avons été surpris de les voir entrer si naturellement dans les voies de la Restauration, et surpasser en lâcheté, en astuce et en haine du peuple ceux qu'ils ont remplacés au pouvoir.
« Benjamin Constant, mieux instruit, n'espérait pas que la terre de la liberté se féconderait du sang qui allait couler ; il fit cependant son devoir jusqu'au bout, il accourut quand, aux journées de Juillet, un ami lui écrivit cette noble lettre :
« Il se joue ici un jeu terrible, nos têtes servent d'enjeu ;

« Je connais trop et ce que vous êtes malgré tant de nobles qualités, et ce que je suis pour vous. Vous faites le charme de tout le monde, vous ne pouvez faire le bonheur de personne. Vous prendriez avec moi des engagements solennels qu'il faudrait encore des convulsions et des larmes pour vous contraindre à les tenir, et ces larmes et ces convulsions vous fatigueraient. Pardon d'écrire si longuement. Bientôt je ne vous écrirai plus, et votre vie rentrera dans ce

---

« venez apporter la vôtre. » Et il l'apporta en effet, mais il n'apporta que cela. Le corps était brisé, son organisation détruite, et il venait de subir une opération tellement cruelle, que, si nous eussions succombé dans la lutte, on l'eût porté plus que demi-mort sur l'échafaud. On le traîna partout, dans les rues, à l'Hôtel de ville, au Palais-Royal. C'était une bannière déchirée et trouée par les combats, qu'on déployait avec enthousiasme devant le feu de l'ennemi; puis, quand tout fut prêt de finir, on se servit de son amour de la monarchie constitutionnelle pour l'entraîner.

« Ses alentours, qui le voyaient arriver à la fin de sa carrière, pauvre et dénué de tout, le supplièrent d'accepter le don qu'on lui faisait, et lui toujours faible, plus faible que jamais, au moment où ses forces physiques l'abandonnaient, subjugué par cette influence qui, sous mille formes diverses, avait joué un si grand rôle dans sa vie, il se laissa faire. Mais tout à coup la vie sembla se ranimer dans ce corps éteint, et il retrouva la force d'écrire, de parler, et alors rien ne l'arrêta. Voyant comme les choses marchaient, il alla à la Chambre reprendre son ancienne place, et nous avons vu comme il y défendit la première des libertés menacées par le nouveau pouvoir. Croyez bien que, sans la mort, il aurait continué, et qu'il serait aujourd'hui à l'extrême banc de l'extrême gauche, à ce banc qu'il avait rendu si menaçant pour tous les ministres.

« LOÈVE-WEIMARS. »
(*Revue des Deux Mondes*, du 1er février 1833.)

repos animé qui vous convient, et qui vous trompe sur le mal que vous faites. Je ne vous reproche rien. Ceci est une espèce de mort, et les mourants pardonnent. D'ailleurs, vous avez voulu être bonne quelquefois, et je vous remercie des efforts inutiles que vous avez faits.

« Je voudrais, par reconnaissance, trouver un côté tolérable dans le parti que je prends. Il y en a un peut-être : je ne suis pas assez calme pour l'envisager. Mais j'entrevois que si on voulait, on pourrait le trouver, en mettant en ligne de compte ma position en France, ce titre d'étranger qu'on m'opposera toujours, les souvenirs de mes opinions, les ennemis que j'ai, enfin la difficulté de donner à Paris, à une femme qui jouit dans son pays de mille avantages, une situation qui lui convienne. Tâchez de faire de tout cela quelque chose qui vous réconcilie avec ma résolution. Je vous livre cette manière de la considérer, pour vous délivrer de toute pensée pénible.

« Quant à moi, rien de tout cela ne me décide. Aimé de vous, ou seulement préféré par vous, j'aurais refusé le trône du monde. Vous entourer de mon dévouement était ma chimère ; elle a été mon supplice ; et si, au lieu de l'invitation que j'ai reçue, des gendarmes étaient venus m'emmener, je les bénirais encore. Quoi qu'il arrive, ce qui arrivera vaudra mieux que le sort qui me serait tombé en partage, si j'étais resté ici. Je serais mort ou devenu fou. Il vaut mieux que ma destinée s'accomplisse loin de vous, et de manière à ne pas vous effrayer. Ne vous tourmentez donc point. Croyez-moi sur parole. Vous serez consolée dans huit jours, et vous ne serez pas même inquiète.

« Je vous supplie de ne rien dire à madame de Staël, je lui parlerai; mais si vous l'excitiez à l'opposition, son imprudence ébruiterait la chose, et alors les dangers seraient grands. Elle pourrait me faire arrêter. Or, comme (je vous le jure, et j'en atteste Dieu, rien ne m'ébranlera) il n'y a que du péril à la mettre en mouvement dans cette affaire qui est décidée, ne m'exposez pas sans aucune utilité; attendez au moins quelques jours, et causons ensemble, non sur le fond de la chose impossible à changer, mais sur la meilleure forme à donner à un parti devenu irrévocable.

« Adieu. Je vais écrire le reste de la nuit. L'idée de vous quitter est horrible. Celle de rester le serait plus encore. Il m'est doux de me dire que vous aurez pourtant décidé de mon sort. Je n'aspirais qu'à vous consacrer ma vie, et ceci est une manière de me jeter au moins dans un abîme ouvert par vous. Je vous verrai demain à une heure. Il en est quatre. J'ai encore cette habitude de compter les heures jusqu'à celle qui doit nous réunir. Bientôt cette heure ne viendra plus. J'ai une sorte de plaisir à penser que votre idée s'associera désormais à tout ce qui m'atteindra dans cette orageuse et bizarre existence, vers laquelle la fatalité, personnifiée en vous, m'entraîne et me pousse. Combien je vous aimais ! Combien le moindre de vos regards, combien un sourire me rendait heureux ! Quel bonheur vous auriez pu, par votre seule amitié, répandre sur ma vie !

« Adieu, Juliette, permettez ce nom pour la dernière fois. J'ai bien souffert, mais, je l'espère, je ne vous ai fait aucun mal. Dieu veuille que personne ne vous en fasse ! Défiez-vous de ceux qui veulent agiter votre âme. J'ai été vrai, sincère, dévoué. Je n'ai pas eu dans mon sentiment le moindre mélange d'égoïsme. Puissiez-vous trouver des amis pareils, et puissent-ils obtenir de vous cette affection soigneuse et tendre que j'avais cru mériter. Adieu.

« Vous irez bientôt à Angervilliers[1], à cet Angervilliers que je croyais revoir avec vous. Je ne le ver-

---

[1]. Angervilliers était une terre appartenant à madame la marquise de Cattelan, amie de madame Récamier, qui allait souvent l'y visiter. Benjamin Constant l'avait un jour accompagnée à Angervilliers. Durant cette promenade qu'il rappelle ici, il fut d'une éloquence si passionnée pour peindre les sentiments qui remplissaient alors son cœur, que madame Récamier le comparait, en évoquant ce souvenir, à Jean-Jacques Rousseau parlant d'amour à madame d'Houdetot dans son jardin d'Aubone.

(*Note de madame L. C.*)

rai plus. Toute la France va m'être fermée. Quand vous y serez, pensez à moi.

« Quand vous verrez ce sentier qui tourne autour du jardin, pensez que nous en avons fait le tour ensemble, et qu'alors je pouvais espérer un peu d'amitié. Quand vous passerez à Saint-Clair, pensez à madame Th....., où vous m'avez mené en disant que c'était un moment de plus. Là tout mon bonheur a fini. Adieu. Je m'émeus malgré moi, et j'ai besoin de courage. Je vais braver l'opinion, lutter contre les hommes. Jamais ils ne me feront souffrir comme j'ai souffert par celle à qui tout mon cœur était dévoué. Adieu encore. Donnez-moi les moments que vous pourrez. Le temps est court, et qui sait si jamais nous nous reverrons sur cette terre?

« Quand vous passerez à Orsay, pensez à moi. Oh! mon Dieu! »

LETTRE XIV

FRAGMENT D'UNE LETTRE DE LA REINE CAROLINE MURAT A MADAME RÉCAMIER.

« On ne peut faire tout ce que vous désirez pour l'auteur du manuscrit. Si je pouvais causer un quart d'heure avec vous, je vous en aurais bientôt convaincue. Mais si vous voulez y réfléchir seulement un instant, vous avez trop d'esprit, trop de sens, votre tête est trop parfaitement organisée pour ne pas sentir toute l'importance des raisons qui s'y opposent. D'abord, le danger de mécontenter les ministres chargés de cette affaire ; puis, la nation tout entière qui regarderait comme un affront pour elle qu'un étranger fût chargé de ses intérêts ; enfin, jusqu'au roi de France qui peut dire qu'on offre un refuge, un asile, un point de ralliement à tout ce qui a été grand patriote, et en prendre prétexte pour tourmenter. Et cela, dans un moment où il nous faut absolument du calme. J'espère, cependant, que Benjamin Constant sera content des propositions qui lui seront faites [1], et qu'il ira là-bas, qu'il soutiendra nos intérêts, et que nous vous devrons l'attachement à notre cause d'un homme dont les talents nous seront très-utiles. »

---

1. On offrait à Benjamin Constant, pour le décider à se charger de cette mission, de grands avantages pécuniaires qu'il refusa. (*Note de madame L. C.*)

LETTRE XV

« Mercredi.

« Voilà la réponse que je fais aux propositions de Naples. J'espère que vous en serez contente. Je dois à votre bonté de n'avoir pas fait une chose qui m'aurait perdu.—Mais songez aux conditions que vous-même m'avez offertes et sur lesquelles je me repose. —De mon côté, je tâcherai de reprendre la raison. Je m'efforcerai de changer en une douce amitié ce sentiment funeste qui me dévore et vous fatigue. Vous n'aurez plus à vous plaindre ni de ma violence ni de ma douleur. Si ce que vous avez daigné appeler un traité entre nous est observé par vous, ma vie sera tolérable : si vous y manquez, ma souffrance, quelque extrême qu'elle soit, sera domptée par l'idée de son inutilité pour moi et de son importunité pour vous.—Je vous verrai donc à quatre heures, ou avant si vous me le faites dire. Donnez ordre, je vous prie, comme vous avez bien voulu me le promettre, qu'on me laisse monter si vous n'y êtes pas. »

LETTRE XVI

« Il est quatre heures du matin, je devrais me coucher au lieu d'écrire ; mais je ne le puis. Il y a trois heures que je vous ai quittée ; je n'ai pensé qu'à vous. Je ne puis pas ne pas vous le dire. Vous m'avez promis de l'amitié, une amitié un peu différente de celle que vous accordez à une foule de vos amis. Je vous en remercie. Je vous consacre ma vie tout entière, ce que je puis avoir d'esprit, de facultés, de forces physiques et morales, en échange de cette amitié si insuffisante, mais si précieuse. Je ne vis que par là, je vous jure, et, si j'exagère, je prie Dieu de me priver de cet unique bien qui me soutient dans ce monde ; je vous jure que jamais ni nuit ni jour, dans aucun temps, au milieu d'aucune affaire, votre image ne me quitte.

« Mon amour est une sensation constante, que rien

ne suspend, que rien n'interrompt, qui est alternativement un dévouement absolu, qui a sa douceur, et une agonie si affreuse que si vous la prolongiez deux fois vingt-quatre heures, vous me tueriez. N'avez-vous pas vu hier encore votre pouvoir? Ne sentez-vous pas que chaque fois que je vous parle d'autre chose que de mon sentiment pour vous, c'est un sacrifice que je vous fais? Mais quel sacrifice ne ferais-je pas, pour obtenir de vous voir et de vous entendre! Si vous saviez quel enchantement j'éprouve quand vous parlez un peu longtemps, avec un peu d'abandon et de confiance! Comme chacune de vos paroles descend dans mon cœur, comme mon âme se remplit de vous! Comme un repos, un bonheur momentané remplacent l'agitation qui d'ailleurs me dévore!

« Oh! si vous m'aimiez comme je vous aime, de quelle félicité nous jouirions! quelle certitude nous aurions l'un et l'autre dans la vie, si, en vous éveillant, vous pensiez avec plaisir à ce sentiment qui vous entoure, qui embrasse depuis les plus petits détails jusqu'aux plus grands intérêts de votre existence, qui s'associe à chacune de vos pensées; qui, si vous le permettiez, ne laisserait aucune de vos émotions, aucun des besoins de votre cœur sans réponse à ce sentiment, si exempt de tout égoïsme; qui trouve à se dévouer le bonheur que d'autres cherchent dans l'amour-propre et dans le succès; qui est étranger à tous les autres calculs; pour qui, ni la gloire, ni la puissance, ni la fortune, ni l'amusement n'existent, qu'autant qu'ils sont des moyens d'arriver jusqu'à vous et de vous servir ou de vous plaire, combien votre vie serait plus pleine et plus forte! Combien ce vague qui vous tourmente deviendrait du bonheur! car chaque détail de la vie, chaque mouvement de l'âme, chaque intérêt même vulgaire, serait une cause d'union, une occasion de sympathie, et les objets qui vous fatiguent ou vous sont indifférents prendraient de l'importance comme vous prouvant que vous êtes uniquement et complétement comprise, chérie, adorée. Dites-vous bien, au moins, que si votre caractère, votre volonté, vos souvenirs, vous font dédaigner ce bonheur, la certitude qui doit le fonder existe pourtant, que vous disposez de moi comme d'un instrument, qui répond à chaque pensée, à chaque émotion de vous, et qui ne cesserait d'y répondre que si vous vouliez le briser. Ne le brisez pas! Vous en avez été bien près plus d'une fois; mais aujourd'hui vous ne pouvez avoir ni crainte ni défiance. Vous êtes convaincue au fond de votre âme que je ne serai jamais que ce que vous voudrez, et au moins vous ne pouvez me refuser une place unique parmi vos amis, celle d'un homme qui ne se compte pour rien, qui ne demande rien à la destinée, qui consentirait à ce qu'on appelle la prospérité, pour obtenir une heure de plus de votre présence, mais qui rejetterait toutes les prospérités de la terre, s'il fallait les acheter en renonçant à une heure qu'il pourrait obtenir de vous. Ne vous travaillez donc pas contre moi, et que votre amitié m'aide à vivre. Il vous est prouvé que c'est par elle que j'existe, comme repos, comme raison, comme possibilité de m'occuper de moi, pour vous obéir, pour vous voir, pour m'approcher de vous davantage.

« Le bal était beau. Personne n'a remarqué mon arrivée tardive. M. de Forbin n'y était pas. J'irai vous voir vers quatre heures. Rendez-moi le manuscrit, pour que je lie ensemble ce qui est fait et ce qui doit se faire. Ce matin, je cours pour mon ouvrage et pour l'Institut; mais vous êtes au fond de toutes mes actions. Les savants ne se doutent pas que c'est à cause de vous seule que je vais leur faire ma cour. »

LETTRE XVII

« Que faites-vous aujourd'hui ? Madame de Staël m'a encore fait courir pour ses affaires et, d'après vos ordres, j'ai mis mon temps à sa disposition. Je rentre fatigué et triste, quoique j'aie de bonnes nouvelles à lui annoncer. Je dînerai chez elle, je serai ce soir chez madame de B... Voilà ce qui est fixe dans ma misérable journée, et il n'y a rien là qui m'intéresse ou me réjouisse. Je ne me sens pas le courage de vous entretenir plus longtemps de moi. Je trouve que je dois vous ennuyer prodigieusement. Je ne resterai que très-peu de temps chez madame de B... ce soir, mais j'irai chez vous ou là où je pourrai vous voir quand et comme vous le permettrez. »

LETTRE XVIII

« Vous avez bien voulu me dire de vous écrire tous les matins ce que je ferais dans la journée. Vous avez ajouté que vous me répondriez. C'est donc une espèce de bulletin que je vous envoie. C'est en effet le cas d'un bulletin, car je suis bien malade. Voici donc mon histoire depuis que je ne vous ai vue, et celle de mes projets. En vous quittant, j'ai été dans ma nouvelle maison jeter un coup d'œil sur cette voiture que vous m'avez fait acheter, dans laquelle je me suis promené avec vous à Angervilliers, et qui, d'un moment à l'autre, me conduira peut-être bien loin de vous. J'ai vu qu'en une heure elle pouvait être prête, et j'ai senti un certain soulagement dans l'idée que, si ma douleur devenait insupportable, je pourrais au moins vous en épargner la vue. J'ai couru ensuite pour madame de Staël, et j'ai appris que son affaire était en très-bon chemin et qu'elle serait sûrement payée.

« J'ai vu avec plaisir que je lui avais rendu un assez grand service, en l'empêchant d'écrire une lettre très-violente qui aurait beaucoup nui à sa cause, puisque déjà des expressions trop vives lui avaient fait quelque tort. J'ai été lui porter ces nouvelles. J'ai trouvé à dîner le duc de Raguse, madame de Duras et le maréchal Ney. J'ai voulu parler, mais le poids qui est sur ma poitrine m'en a ôté la faculté. J'ai donc laissé échapper malgré moi l'occasion de vous obéir en me servant, et l'on m'a dit, par une expression plus proportionnée à mon état qu'on ne le croyait, que j'avais été silencieux comme le tombeau. La duchesse de Luynes est arrivée, et je me suis ranimé, non par calcul, mais parce que tout ce qui vous a approché a sur moi un effet magique.

« Ensuite madame de Staël a annoncé qu'elle allait sortir. J'ai vu avec douleur que mon espérance de vous regarder de loin quelques instants allait être trompée. En m'en allant, j'ai reconnu votre voiture, vous m'avez dit bonsoir et je suis parti. J'avais trois engagements pour la soirée, je n'ai eu le courage d'aller à aucun. Je suis rentré chez moi à dix heures; j'ai fini ma journée. J'aime mieux la solitude que la société et l'obscurité que la lumière. Ce matin je vous écris : vous m'avez permis d'espérer une réponse, j'en ai besoin. Je sens que ma vie et ma raison dépendent de deux lignes aussi vagues que vous les voudrez, mais dans lesquelles, en me faisant illusion, je puisse voir un peu d'amitié. Je n'irai ni chez vous, ni chez madame de Coigny, ni nulle part où je puisse vous rencontrer, à moins que vous ne me le disiez : mais écrivez-moi.

« Si vous manquez à cette dernière parole, qui ne peut avoir aucun inconvénient, je ne puis répondre de rien, sinon de ne pas vous importuner du spectacle de ma douleur. Mais je souffre si horriblement au physique, ma tête est si brûlante ! mes yeux se remplissent de larmes, et je ne puis pas écrire trois mots sans m'arrêter pour respirer. Si vous pouvez me voir sans inconvénient pour vous, faites-le. J'étais gai il y a six mois, je prenais intérêt à tout, j'arrangeais ma vie, j'acquérais quelque réputation. Je ne vous avais jamais fait de mal ; quand vous aviez éprouvé des malheurs ou des chagrins, j'y avais pris part.

« M... m'a invité aujourd'hui à dîner avec des gens qui veulent, dit-il, jouir de ma conversation, comme si j'avais encore de la conversation ! On n'a cessé hier de me vanter mon talent. Pourquoi donc est-on venu briser tout cela ? Pardon, je vous jure que je n'ai que de la tristesse et pas un sentiment amer. Mais la semaine dernière, j'étais si heureux de si peu de chose! Après mon dîner, je rentrerai chez moi, puisque vous voir m'est désormais défendu, et comme hier au soir, je chercherai la nuit et la solitude. Voilà ma vie; si vous pouvez à une heure ou à une autre me voir, vous me donnerez plus de bonheur que je n'en conçois maintenant la possibilité; mais je ne l'espère pas. Adieu. Mon domestique me rapportera votre réponse.

« Je vais avoir bien du temps à moi. Les affaires de madame de Staël sont finies. »

LETTRE XIX

« Félicitez-vous : mes malles se font, et je partirai dans la journée. Je me presse, parce que j'ai peur que les forces me manquent. J'ai passé la nuit avec une fièvre assez forte ; je me suis presque trouvé mal en me levant, et j'ai dans ce moment un froid intérieur et un tremblement qui semblent m'annoncer quelque maladie. Je sens je ne sais quoi dans mon cœur et dans ma poitrine qui est prêt à se briser. Mais pourvu que je puisse me mettre en voiture, tout est gagné : je pourrai, à quelques lieues d'ici, me mettre dans un lit d'auberge et y mourir seul, sans que personne en soit importuné et sans que madame de Staël soit blessée. Si vous avez souffert, à Lyon, le quart de ce que je souffre, je vous plains. Dieu vous bénisse et vous rende heureuse ! Je n'en puis plus. Adieu ! J'écrirai. Ah! mon Dieu ! Adieu !

« J'ai pourtant un sentiment doux en me disant que, dussé-je mourir de ce départ, vous en serez plus à votre aise. »

LETTRE XX

« Voici le récit de ce qui s'est passé à Rennes. Je me lève après avoir passé la nuit dans la plus affreuse douleur; mais vous avez désiré quelque chose de moi, et je sens que je vous servirais encore à mon dernier soupir de ma main mourante. Je ne sais ce que je vous avais écrit cette nuit : mon cœur était brisé. Il l'est encore. Mais ce n'est pas ma faute. J'ai fait tout ce que j'ai pu pour partir; je ne l'ai pas pu. J'ai fait auparavant tout ce que j'ai pu pour rompre ; je le puis moins encore. Mon âme est enchaînée; elle est en vous; je ne puis que souffrir et vous demander grâce. Un mot de bonté et l'exécution de votre promesse, je renaîtrai. Pardon, pitié. Jamais on ne fut aimée comme vous l'êtes. Prenez mon sang, il coulera pour vous avec tant de joie! Mais laissez-moi vous dire que je vous aime. Le silence m'oppresse.

Vous en parler me calme. Adieu ; à quatre heures. Ne laissez pas tomber un nouveau coup sur mon cœur, et si vous n'y êtes pas, qu'on me laisse monter pour vous attendre. Pitié! pitié! Je ne respire que par vous et mon dévouement est toute ma vie. »

DEUXIÈME SÉRIE

1815

(PENDANT LES CENT-JOURS)

LETTRE XXI

« Pardon, si je profite des circonstances pour vous importuner, mais l'occasion est trop belle. Mon sort sera décidé dans quatre à cinq jours sûrement. Car, quoique vous aimiez à ne pas le croire pour diminuer votre intérêt, je suis certainement avec Marmont, Chateaubriand et Lainé, l'un des quatre hommes les plus compromis de France [1]. Il est donc certain que si nous ne triomphons pas, je serai dans huit jours ou proscrit ou fugitif, ou dans un cachot ou fusillé.

---

1. Par elle-même, madame Récamier ne repoussait ni ne retenait Benjamin Constant; mais les royalistes exaltés qu'elle recevait chez elle cherchaient à entraîner l'illustre publiciste, dont l'imagination se laissa séduire par l'espérance de plaire à celle qu'il idolâtrait. (*Note de madame L. C.*)

« ..... Lorsque l'Europe haletante, dit M. Loève-Weimars[*],

[*] C'est madame Récamier qui me remit les articles de Loève-Weimars sur Benjamin Constant, et qui m'engagea à les citer dans le recueil de ces lettres. « Loève-Weimars, me disait-elle, est le seul littérateur contemporain qui ait été vraiment équitable envers mon pauvre ami. »
(*Note ajoutée en 1863.*)

Accordez-moi donc, pendant les deux ou trois jours qui précéderont la bataille, le plus que vous pourrez de votre temps et de vos heures. Si je meurs, vous serez bien aise de m'avoir fait ce bien, et vous seriez fâchée de m'avoir affligé. Cela ne peut pas vous compromettre, car dans trois ou quatre jours tout sera fini.

« Alors, ou j'entrerai dans une carrière qui me forcera à y donner tout mon temps, ou je partirai. Quant

---

attendait avec espoir et effroi le dénoûment de ce drame rapide (les Cent-Jours), tandis qu'une partie de la France courait se précipiter sous les pas de son héros, que l'autre, le petit nombre, fuyait vers les frontières ou se jetait dans la Vendée, que Paris surtout fermentait de mille passions conraires, Benjamin Constant, le grave et profond publiciste, l'ami fervent de la liberté menacée dans les deux camps, Benjamin Constant était amoureux fou d'une femme, ne s'occupait que d'elle, ne répondait qu'avec distraction à ceux qui lui disaient le danger, aux attaques de ceux qui l'accusaient d'avoir causé la ruine des Bourbons par ses écrits, aux reproches des autres, qui attribuaient la haine des puissances contre Napoléon à ses intrigues et à celles de madame de Staël. Il n'avait, lui, qu'une pensée, son amour; et le bruit du canon, qui annonça l'arrivée de Napoléon aux Tuileries, le tira à peine de sa rêverie.

« Une amie de madame de Staël, aussi célèbre par sa beauté et par sa grâce que l'était madame de Staël par son talent; une femme qui réunit autour d'elle, en tout temps, les hommes les plus illustres de tous les pays, était l'objet de cet amour. Cette dame avait toujours favorisé secrètement la cause des Bourbons; et en ce moment chez elle se trouvait le point de réunion des royalistes les plus ardents. Benjamin Constant retenu, poussé par elle, se jeta à corps perdu dans ce camp, et se lia avec M. Laîné, dont le beau caractère domina un moment le sien, avec M. de Lally-Tollendal, que madame de Staël nommait si plaisamment le plus gras des

à vos autres amis, j'ai plus de droit qu'eux à votre bonté dans ce moment, parce qu'il y a plus de danger pour moi. M. de Nadaillac et M. de Forbin, si Bonaparte est vainqueur, feront leur paix et reprendront du service sous le nouveau gouvernement. Moi seul je périrai si je tombe en ses mains. Soyez donc bonne. Ne préparez pas de remords à votre âme, quoique votre cœur soit insensible. Je dîne avec vous; mais accordez-moi aussi un entretien ce soir. Mon senti-

---

hommes sensibles, et dont il a peint dans ses notes inédites, d'une manière fort risible, la colère et l'enthousiasme.

« Benjamin Constant vit aussi beaucoup et observa, dans cette courte période, M. de Chateaubriand, MM. Royer-Collard et Guizot, tous deux impitoyables dans leurs doctrines, et qui, comme tous leurs amis royalistes, refusaient de rien faire pour regagner l'opinion. Enfin, leur conduite porta tous ses fruits. Le roi parti le 19 mars, jour où Benjamin Constant, toujours sous l'influence qui le guidait, venait de publier un article virulent contre Napoléon; et celui-ci étant arrivé le soir à Paris, le publiciste effrayé alla se cacher chez le ministre d'Amérique, où l'envoyèrent M. de Tracy et M. de La Fayette. De là, accompagné d'un consul américain, il se rendit à Nantes, mais ayant appris à Ancenis que Nantes s'était déclaré pour Napoléon, et que le préfet, M. de Barante, était en fuite, il revint à Paris, déjà fort rassuré sur les craintes qu'il avait éprouvées pour sa personne.

« Il avait raison de se rassurer, car un matin, au lieu des gendarmes qu'il attendait, il vit entrer chez lui le général Sébastiani, M. de Gérando et deux autres personnes; ils venaient l'engager à se rallier, avec tous les bons esprits, à Napoléon, qui était décidé, disaient-ils, à donner un gouvernement libre et représentatif à la France. On l'attira ainsi aux Tuileries à force d'agaceries, et là, la parole séduisante de l'Empereur fit le reste. Le duc de Bassano, Regnault de Saint-Jean-d'Angely, Rovigo, Andreossy, Determon l'entourèrent, et il se laissa entraîner à travailler à l'acte additionnel. »

ment pour vous est ma vie. Un signe d'indifférence me fait plus de mal que ne le pourra faire, dans quatre jours, mon arrêt de mort. Et quand je pense que le danger est un moyen d'obtenir de vous un signe d'intérêt, je n'en éprouve que de la joie.

« Avez-vous été contente de mon article[1], et savez-vous ce qu'on en dit? »

---

1. Le fameux article inséré le 19 mars au *Moniteur*.

LETTRE XXII

« Voilà la réponse de M. de M... Je suis tout fier d'avoir bien fait vos commissions. Quand je vois les éloges qu'on me donne, et que je pense au peu de cas que vous faites de moi, il me prend une espèce de désespoir. J'aimerais mieux qu'on me dît que je suis une bête. Au moins cela motiverait la préférence que vous accordez sur moi à la médiocrité la plus affectée[1]. Mais c'est mon sort d'être loué par les autres et ensorcelé par vous qui me dédaignez.

« Je vous verrai donc à quatre heures ; c'est quelque chose. »

---

1. Allusion au comte Auguste de Forbin dont Benjamin Constant était fort jaloux. « Le comte de Forbin, me disait madame Récamier, était beau, aimable, enjoué et me distrayait par son babil, tandis que Benjamin Constant, sérieux, irritable et presque toujours sombre, m'épouvantait par sa passion. » (*Note de 1863, par madame L. C.*)

LETTRE XXIII

Je voudrais bien avoir à vous mander quelque chose que vous ne sussiez pas. Mais on n'a point de détails, et ce que *le Moniteur* contient vous est connu comme à moi. Je crois la chose plus sérieuse qu'hier, à la grande terreur que je remarque dans tout le monde. J'ai vu le président des députés, madame de Luynes et d'autres. Il est certain que si Bonaparte n'avait pas des raisons de compter sur d'autres forces que celles qu'il montre, il n'est pas assez fou pour s'aventurer ainsi. Si Masséna l'a reçu et s'est déclaré en sa faveur, c'est énorme. Au milieu de tout cela, j'ai le chagrin de n'être occupé que de vous seule, et je me le reproche. Le monde reculerait que je ne songerais qu'à vous. Si le gouvernement se rallie à la nation, tout est encore sauvé malgré l'armée; sinon, et si Bonaparte a le moindre succès dans les premiers moments, je crains fort pour l'issue. J'ai un petit travail à faire jusqu'à trois heures. A trois heures, je verrai Lainé et j'attendrai plus de détails. Je rentrerai à quatre, et je serai à vos ordres, si, à un moment quelconque, le dîner excepté, vous voulez me voir. »

LETTRE XXIV

« Je ne comprends pas comment on peut accabler d'un tel mépris un homme dont on n'a pas à se plaindre et qui obtient pourtant des autres quelques preuves d'estime. J'ai beau mettre quelque courage, quelque noblesse dans ma conduite, je ne puis obtenir un seul signe d'affection. Votre haine, votre crainte de me donner un instant de bonheur sont telles que même l'idée que je pourrais être utile si vous m'encouragiez ne pourrait vous déterminer. Partout on me reçoit bien. Vous m'humiliez sans cesse. Vous m'ôtez toute force. Que vous avais-je fait pour me faire tant de mal ? Je ne vous conçois pas. Jamais on n'a blessé à plaisir, comme vous le faites; cependant je vous ai toujours été dévoué. Ce n'est plus de l'amour que j'espère, mais pas un témoignage de bienveillance, pas un égard.

« Au nom du ciel, forcez-vous pendant quelques jours à me cacher votre aversion[1]. J'ai besoin de ma tête, je l'expose pour une cause que vous aimez. Je

---

1. Ce n'était pas de l'aversion que madame Récamier éprouvait pour Benjamin Constant, mais peut-être un peu de dédain involontaire pour sa faiblesse politique qu'elle n'a-

brave Bonaparte qui va revenir, et que j'ai attaqué de toutes manières. Tout le monde me dit de ne pas l'attendre. Je reste pour vous prouver, au moins, qu'il y a en moi quelque chose de courageux et de bon. Pourquoi donc me fouler aux pieds, m'abreuver d'humiliations? Je vous le déclare, je puis être utile à ce pays. Ma considération y augmente, tous les partis m'appellent. Vous ne savez pas ce que je vaux, parce qu'avec vous mon sentiment me rend fou. Ménagez-

---

vait pas suscitée, mais dont elle fut l'occasion. Les femmes aiment que les hommes leur résistent quand il s'agit de leur carrière publique et de leur réputation, Madame Récamier avait trop d'élévation d'âme pour ne pas sentir que Benjamin Constant s'était diminué en publiant le fameux article du *Moniteur*. Il avait fait aux royalistes une concession outrée dans l'espérance de plaire à madame Récamier, et la conséquence imprévue pour lui, mais fatalement logique de ce déplorable sacrifice, fut de perdre aux yeux de celle qu'il aimait le seul prestige qui pouvait l'intéresser : un caractère ferme, des principes arrêtés, un libéralisme inattaquable. La femme qui s'était émue à Naples de l'action de Murat ne pouvait approuver tacitement l'action troublée et douteuse de Benjamin Constant; de là la répulsion mal dissimulée et l'aigreur (si peu dans son caractère) qu'elle lui témoignait à l'heure même où, pensait-il, il avait acquis des droits, auprès d'elle, à une sympathie plus vive. Il raisonnait des sentiments en aveugle, en homme passionné et pourtant pédantesque, qui ne se doute pas de ce qui constitue *l'attrait, le point mystérieux* qu'il faut toucher pour être aimé. Elle, nature exquise, se reprocha toujours d'avoir participé à l'erreur la plus déplorable de la vie de Benjamin Constant; on le sent bien dans ces paroles attendries qu'elle me dit un jour au couvent des Augustines* : « Je l'ai fait souffrir et je l'ai humilié, je l'aime « dans la mort et je veux honorer sa mémoire. »

(*Note de 1869, par madame L. C.*)

* Voir l'épilogue à la fin du volume.

moi quelques jours. Accordez-moi pour quelques jours des tête-à-tête. Cela sera court.

« Tout sera décidé cette semaine, j'aurai pris ma place et contribué à sauver la France, où je serai dans un cachot, ou je partirai pour jamais. Faites donc un effort. Je me travaille pour ne pas m'abandonner à ma douleur. Je pleure malgré moi et je passerai une nuit affreuse. J'avais besoin de mes forces. Vous me les ôtez. Je ne vous parle pas de ma destinée. Vous ne vous en souciez pas, mais le bien que je puis faire, mettez-y quelque intérêt. Que je vous voie seule. Ne me déchirez pas le cœur, parce que je vous aime. C'est mon seul crime, ma seule erreur. C'est ma perte. Mais laissez-moi faire le bien que je puis. Je saurai que ce n'est pas pour moi que vous le faites. Mais votre présence, votre voix me calment. Un entretien d'une demi-heure. Je vous en conjure, quand vous voudrez. O mon Dieu ! je n'en puis plus.

« J'ai dit à Paul[1] que je vous portais un passe-port, mais que je ne n'avais voulu ni vous le remettre, ni vous parler d'une insurrection qu'on a dit avoir eu lieu à Lille, devant M. de Nadaillac, pour qu'on ne dît pas à la cour que j'étais un alarmiste. Il m'a trouvé sur l'escalier, et n'a point été étonné de me voir, à cause du passe-port. »

---

1. M. Paul David, parent de madame Récamier.

LETTRE XXV

« J'ajoute quelques mots à ma lettre d'hier, pour obtenir de vous de la tolérance, pendant que je puis être bon à quelque chose. Je vous donne ma parole d'honneur que, quoi qu'il arrive, aussitôt que le danger sera passé, je ne vous demanderai plus rien et ne vous reverrai de ma vie. Dans ce moment, j'ai besoin de mes forces pour une chose, et je n'ai pas celle de m'imposer cette privation ; mais une fois cette crise finie, j'irai à la campagne, dans le cas même où je ne partirais pas tout à fait, j'y resterais jusqu'à ce que votre image me soit tout à fait étrangère. Je ne mettrai plus jamais les pieds chez vous. Je ne réclamerai ni amour, ni amitié, ni affection, ni souvenir, ni bienveillance d'aucune espèce, pas même celle que vous avez pour une connaissance d'une heure. Vous m'ave trop blessé, trop humilié, trop marché dessus. Mais au nom de l'utilité dont on croit que je puis être, soutenez-moi ces jours-ci.

« Je travaille à un écrit qui servira beaucoup, si je puis l'achever. Ne me forcez pas à le laisser là. C'est pour votre pays que je désire le faire. Du reste, que je vous voie et je pourrai tout. C'est une maladie qu'il faut guérir pour le moment, parce que la France a besoin de tout le monde. Mais, du reste, croyez bien que je sais votre disposition, que je ne réclame rien pour moi ; aussi je vous le dis, quelques jours d'encouragement à cause de ce que je puis faire, mais quant à moi rien, parce que je ne demande, n'espère et ne sollicite rien. Servons la bonne cause, donnez-moi la force de la servir. Quand cela sera fait, nous ne nous reverrons jamais, et je vous promets bien que si je n'éprouve plus le besoin dévorant de vous voir, j'éprouverai celui de fuir celle qui a tout blessé en moi, amour, amitié et amour-propre. »

LETTRE XXVI

« Je voudrais savoir si vous êtes chez vous. J'ai tant de courses (inutiles) à faire, que je suis obligé de les combiner. Je suis bien aise que mon article [1] ait paru. On ne peut au moins en soupçonner aujourd'hui la sincérité. Voici un billet que l'on m'écrit; après l'avoir lu, si j'en recevais un pareil *d'une autre*, je serais heureux sur l'échafaud. Il serait bizarre que, parce que je vous aime, vous me refusassiez même votre estime. Je n'ai que cette pensée au milieu des circonstances qui grossissent incroyablement. J'ai offert mes services de toutes manières, j'ignore encore s'ils seront acceptés. On croit que nous serons cernés dans huit jours. Les troupes des environs se mettent, dit-on, en mouvement contre nous. Il y a peut-être

---

1. Du *Moniteur* du 19 mars.

de l'exagération ; car tout le monde a une peur horrible.

« Me donnerez-vous à dîner? Madame de Staël part à deux heures. Si vous êtes chez vous, je vous verrai tout de suite. »

LETTRE XXVII

« Je ne puis pas discuter devant Auguste [1] la question de votre départ, pour une raison bien simple : nous sommes, lui et moi, du même avis sur le fond de la question ; c'est-à-dire je crois, comme lui, qu'il y a quelque danger à ce que vous attendiez l'arrivée de Bonaparte à Paris ; que vous serez exposée à des persécutions plus ou moins pénibles, et surtout que vous compromettrez M. Récamier et ses affaires, en attirant l'attention et en faisant rejaillir la haine de Bonaparte sur lui. Mais, ce point fixé, Auguste désire que vous partiez avec lui pour la Suisse, et comme cela nous séparerait pour jamais, car il n'y aura pas pour moi de sûreté en Suisse, je ne puis le désirer.

« Je désire que vous partiez pour Berlin, et vous

---

1. De Staël.

sentez que je ne puis le dire devant Auguste (de Staël). Examinez donc bien la question. Vous avez, d'un côté, madame de Staël, Auguste et la Suisse, qui peut être agitée d'un moment à l'autre; vous avez, de l'autre, le prince Auguste [1], moi et toute la famille de ma femme, et la certitude de vivre paisible jusqu'à ce que vous preniez librement tel parti qui vous conviendra. Au lieu que la Suisse, où l'on s'est battu il y a déjà un mois, ne sera peut-être pas tranquille dans quinze jours. Mettez de côté ma passion pour vous, et ne voyez en moi que l'ami le plus tendre et le plus dévoué. A dater d'aujourd'hui, je ne vous parlerai plus d'amour, et mon amitié sera sans mélange comme sans bornes. Ainsi, ne craignez plus de me permettre de vous revoir. Je suis inconséquent dans les circonstances ordinaires, mais excellent dans les grandes. Celles où nous sommes sont malheureusement si graves que rien ne sera plus simple que de me laisser vous accompagner.

« Et vous pensez bien que, dans ce moment-ci, où toutes les existences vont être menacées, ce ne sera ni à vous, ni à moi, ni au prince Auguste que l'on pensera. Il est tout simple de chercher un asile et de s'appuyer d'un compagnon de voyage. D'ailleurs, mon attachement très-vrai pour vous me rendra ca-

---

1. Voir, dans l'introduction, les détails sur le prince Auguste. (*Note de madame L. C.*)

pable de toutes les privations, pourvu que je vous suive et que je vous sauve. Je vous ai dit que pour peu que M. Récamier eût besoin de temps pour vos arrangements de famille, j'avais 20,000 francs à vos ordres, que vous me rendriez quand vous voudriez. Ce n'est pas même un service que je vous offre.

« Reste donc la question de madame de Cattelan. Je crois que vous ne lui serez bonne à rien, et que même vous lui nuirez en attirant l'attention sur elle. Quant à moi, ma position est simple : si vous partez pour l'Allemagne, je pars; si vous restez, je reste, et je cours les risques de mon séjour sous Bonaparte [1]. Je vous ai dit plusieurs fois que je sacrifierais volontiers ma vie pour vous, et pourvu que je puisse espérer votre amitié, il me sera doux de vous le prouver. Faites-moi dire précisément à quelle heure je pourrai vous voir seule. Croyez-moi, Juliette, permettez-moi ce nom dans ce temps de malheur, je souffre et souffrirai moins si je péris dans cette crise, que je n'ai souffert par vous, et j'éprouve un certain bonheur à vous prouver par des faits combien mon sentiment est profond et sincère. Un mot de réponse. »

---

1. Madame Récamier ne partit pas, Benjamin Constant resta et se rallia à Bonaparte. (*Note de madame L. C.*)

LETTRE XXVIII[1]

« Que maudit soit le métier de courtisan ou d'homme d'État! Je crois que je donnerais ma démission demain, et je suis bien sûr que je le ferais, si je croyais que vous m'en sussiez gré. Vous avez été seule ce soir, j'aurais pu vous voir, jouir de ces moments si rares qui sont toute ma vie, et de maudits intérêts européens m'ont arraché à cet intérêt bien plus grand pour moi. Je suis dans un véritable désespoir. Je vous conjure de me dédommager et de me dire quand je pourrai vous voir. Je ne sortirai que pour cela, car j'ai dix choses à faire en moins de temps qu'il ne m'en faudrait pour en faire une seule.

« Je compte ne pas me coucher et travailler jusqu'au moment où je recevrai un mot de vous. Je sor-

---

1. Entre la précédente lettre et celle-ci, Benjamin Constant 'est rallié à l'Empereur. (*Note de madame L. C.*)

tirai alors pour vous voir quand et aussi longtemps que vous le permettrez. J'ai eu les plus curieuses conversations [1], et longues, amèrement, puisqu'elles ont duré de manière à ne pas me permettre d'arriver chez vous à temps. Je serai donc bon à écouter, si vous êtes curieuse. Mais brûlez même ce billet, je vous en prie.

« Faites-moi dire précisément quand je pourrai vous voir, pour que je n'interrompe pas un travail déjà au-dessus de mon temps et de mes forces. »

---

1. Avec l'Empereur.

LETTRE XXIX

« Pardon de vous avoir laissée si longtemps sans vous rien faire savoir. Ce n'a pas été ma faute. L'affaire est terminée[1], pas précisément comme vous l'aviez ordonné, mais à peu près. M. de Montlosier a été blessé à la main, de manière à ne plus pouvoir tenir son épée, ce qui a fini la chose. J'étais au désespoir de vous désobéir, mais c'était impossible sans me déshonorer. D'ailleurs, il y a eu tant de témoins que la chose n'en aurait pas été moins redite, et j'aurais seulement passé pour un lâche. Maintenant, on n'en parlera pas davantage, et la chose est terminée. Ce qui est important, c'est qu'on sache bien que ça n'a pas été une dispute politique, mais sur l'ouvrage

---

1. Une dispute s'était élevée dans le salon de madame Récamier entre Benjamin Constant et M. de Montlosier, à propos de l'ouvrage sur la féodalité de ce dernier.

(*Note de madame L. C.*)

de M. de Montlosier, ce qui met votre salon à l'abri. Dans la chance que la chose finît autrement, j'y avais pourvu de mon mieux par une lettre à l'Empereur, que je joins ici, parce qu'elle vous montrera comment la chose vous sera présentée, de sorte que vous n'aurez rien au monde à en craindre.

« Je n'en meurs pas moins de peur que vous ne me sachiez mauvais gré et que vous ne me regardiez comme un trouble-fête. Voulez-vous être bonne et faire un marché qui vous conviendra sans me mettre au désespoir? Donnez-moi de temps en temps quelque bonne causerie, et j'irai rarement chez vous le soir. D'ailleurs, vous savez que ce n'est pas moi qui manque de mesure et que mon seul but était de vous amuser. Mais mon cœur vous est si attaché, que je ne puis me passer de vous tout à fait. J'y fais ce que je peux. Mais aidez-moi, en me permettant de me consoler quelquefois en vous. N'est-ce pas, vous n'êtes pas en colère contre moi? »

LETTRE XXX

« Voici la lettre à l'Empereur. En voici une autre que je vous avais écrite dans la même pensée. Je les trouve à présent si solennelles, que je crains le ridicule. N'y voyez que ma bonne intention, pour que, dans aucun cas, vous ne fussiez tourmentée. Adieu donc, je serai toujours ce que vous voudrez que je sois. Et me plier à vos convenances est mon désir. Il n'y a qu'une chose que je ne puisse pas, c'est vous oublier. »

LETTRE XXXI

« Sire,

« Forcé malgré moi à tirer vengeance d'une offense que j'ai reçue d'un homme que d'ailleurs j'estime, et qui a été entraîné par un mouvement irréfléchi dans une discussion trop animée, je me dois de prévenir les impressions fâcheuses qui pourraient être données à Votre Majesté Impériale, soit contre mon adversaire, soit contre la personne chez qui la discussion a eu lieu. Cette discussion ne roulait que sur une simple théorie; mais comme cette théorie tient à la politique, on pourrait supposer que j'ai été insulté par M. de Montlosier comme défenseur du gouvernement de Votre Majesté. Il n'en est rien.

« La querelle s'était engagée sur les priviléges de la noblesse, question sur laquelle M. de Montlosier a des idées que je crois très-fausses : il lui a échappé des mots qui ne se lavent que dans le sang, et j'ai dû suivre la ligne tracée à tout homme d'honneur ; mais il ne s'agissait en rien des circonstances présentes, et M. de Montlosier ne s'est permis aucune insinuation quelconque contre le gouvernement. Je l'atteste solennellement, Sire, et cette lettre, écrite uniquement pour être remise à Votre Majesté, si je suis tué, se rapporte par là même à une idée assez sérieuse pour qu'on ait besoin de ne pas s'écarter de la vérité, en s'y préparant. Cette justification de M. de Montlosier est en même temps celle de la personne chez qui cette déplorable affaire a eu lieu, madame Récamier. Elle n'était pour rien dans cette discussion. De toutes les femmes de Paris, elle est la plus prudente et la plus raisonnable en politique, et depuis que je suis entré au service de Votre Majesté Impériale, je l'ai entendue me défendre souvent contre la malveillance et l'esprit de parti.

« Je regrette, Sire, d'avoir eu si peu de temps pour vous prouver mon zèle. J'emporte au tombeau une parfaite reconnaissance, et mes derniers vœux sont pour deux choses inséparables, la gloire de Votre Majesté Impériale et la liberté de la France.

« Je suis avec respect, Sire,

« De Votre Majesté Impériale,

« Le très-humble et très-obéissant

« serviteur et sujet,

« Benjamin Constant.

« Paris, ce 28 mars 1815. »

LETTRE XXXII

« Si vous recevez cette lettre, c'est que je ne pourrai pas vous en écrire une autre, et c'est pour cela que je la prépare d'avance. Il est impossible d'arranger cette affaire. Il faut que cela soit bien impossible, sans quoi un mot de vous l'aurait fait. Mais un démenti tel que celui-là devant dix personnes ne peut s'expier que par la mort d'un des deux. J'en suis fâché, mais c'est la règle. Vous verriez, si j'étais capable de consentir à un arrangement quelconque, comme l'opinion tomberait sur moi. Dieu m'est témoin que, si je le pouvais, je ferais tout pour vous épargner le moindre désagrément. Je dirai plus, si vous m'aviez aimé seulement d'une amitié tendre, j'aurais tout sacrifié, même l'honneur. Je serais heureux, si vous m'aimiez, même au milieu du blâme universel ; je tâcherai que rien de tourmentant ne vous atteigne.

« Si M. de Montlosier est tué, je réponds bien que rien ne vous atteindra. Si c'est moi, je laisse une lettre à l'Empereur, et j'y explique, et j'y démontre que vous n'êtes pour rien dans cette affaire. Ainsi, quoi qu'il arrive, soyez tranquille. Cette lettre ne vous sera remise que si je suis tué ou blessé grièvement ; sans cela, je vous verrai de bonne heure. Adieu. Je vous ai bien tendrement, quoique bien inutilement aimée, et si je meurs, ce sera en vous aimant et en faisant des vœux pour vous.

« Vous avez souvent été dure, et j'ai peine à concevoir que, m'étant réduit à une simple amitié, mon affection ait eu pour vous si peu de valeur ; mais je vous dois de voir avec indifférence toutes ces chances.

« Rien ne peut me faire souffrir comme j'ai souffert pour vous. Adieu. Je vous aime autant que jamais. Soyez heureuse. »

LETTRE XXXIII

« Je voudrais bien vous voir d'un peu bonne heure. Le duc de Vicence m'a fait inviter pour causer d'affaires ; et comme je ne puis pas y dîner, je voudrais y aller auparavant. J'irai donc chez vous tout de suite, si vous le permettez. Si je ne vous trouve pas, je ferai quelques visites et je retournerai chez vous, pour avoir le billet de spectacle pour ce soir. Il y a contre moi un drôle de petit article dans le *Journal général*, mais personne ne s'en doutera que moi et l'auteur.

« Vous m'avez fait du bien hier, par pitié. Tant que ceci durera, accordez-moi quelques instants pareils. Vous m'avez rendu de la force et j'ai pu penser à des choses encore vagues, mais qui pourront être utiles, si les événements les amènent. Soutenu par vous, je sens que je puis encore faire du bien. Donnez ordre qu'on me laisse entrer. »

LETTRE XXXIV

« Si je vais vous voir plus rarement, je vous conjure de ne pas croire que j'éprouve moins le besoin de votre présence. Mais je suis triste, humilié, méconnu, et je n'obtiens jamais de vous une entrevue libre, où je puisse vous parler des peines qui me dévorent. Ah! il n'est pas question d'amour! Au milieu de la haine qui m'entoure, je n'oserais pas prononcer ce mot : et dans la sombre carrière où je suis entré, avec le terme que j'aperçois à cette carrière, je bénis le ciel de ce que pas un être n'est attaché par un lien quelconque à ma destinée. Mais un peu d'amitié de vous m'aurait fait du bien, et aujourd'hui que je ne puis plus rien espérer, plus rien prétendre, j'aurais cru l'avoir mérité par huit mois de dévouement.

« Il y a aujourd'hui huit mois que le Mémoire pour

Naples me fut demandé : et il a bien influé sur ma vie. Je ne vous demande rien. Si vous pouvez me voir et m'entendre seule, je trouverai quelque douceur à ces entretiens; c'est la seule consolation qui me soit possible dans le monde ; je souffre de toutes les manières. Je ne puis, je ne dois vivre qu'avec ceux qu'un danger commun réunit. Les autres me semblent blâmer ma conduite et attendre ma chute. Ah! du danger, à la bonne heure, mais tant d'injustice! Jamais je n'ai tant souffert, excepté par vous, et alors j'espérais de l'avenir. Maintenant, il n'y a dans l'avenir qu'une seule espérance pour moi, car la ruine commune peut m'atteindre, et le succès, je sens trop que je n'en jouirais pas. »

LETTRE XXXV

« J'aurais bien désiré vous voir hier au soir, mais la commission de gouvernement nous a fait causer jusqu'à une heure du matin.

« Si vous êtes curieuse à votre tour d'entendre des détails sur ce que j'ai vu, je vous prie de me faire savoir ce que vous faites dans la journée, et quand vous pourrez me voir sans embarras pour vous.

« Je me mets parfaitement à votre place. Je sens que je suis un être proscrit dans votre société, et ce n'est pas à présent que je suis tenté de réclamer contre cette proscription, qu'au contraire j'appelle de tout mon cœur. Mais vous n'êtes pas votre société, vous êtes un être à part, bon, noble et que j'aime. Je vous dois donc de ne pas abuser de votre noblesse pour vous mettre dans une situation pénible, et je ne vous verrai que quand et comme vous voudrez.

« Je n'ai nul embarras à rencontrer personne; mais je ne veux rencontrer que ceux que vous jugerez n'avoir point d'inconvénients pour vous, car je suis d'autant plus susceptible que je suis sans autre protection que ma force physique, et je ne supporterais volontiers ni blâme direct ni pitié insolente.

« Je vous demanderais volontiers à dîner, si j'étais sûr d'être libre ; mais je ne le suis pas. Si pourtant je puis dîner chez vous, dites-moi si vous y consentez. C'est l'heure où vos alentours sont moins hostiles.

« J'attends votre réponse pour décider de ma marche aujourd'hui. Si nous échappons pendant quatre jours à une prise de possession par la conquête, nous aurons de la liberté, et notre mission à nous six [1] aura été utile. Sinon, non. »

---

[1] Six membres de la Chambre envoyés à Hagueneau, auprès des puissances alliées. La Fayette et Sébastiani étaient de cette commission. (*Note de madame L. C.*)

LETTRE XXXVI

« Les nouvelles paraissent être affreuses pour nous, excellentes pour vos amis. D'après vos principes, c'est le cas d'une visite à la reine Hortense. C'est encore plus le cas d'être bonne pour moi, car je vais être dans une fâcheuse position, si tant est qu'une position soit fâcheuse quand elle n'influe pas sur le cœur. Faites donc votre métier de noblesse et de générosité envers moi. Je bénirai nos malheurs. Quant à moi, j'ai déjà recommencé mon métier de rallier le parti battu et d'essayer de persuader à des gens qui veulent vivre de se faire tuer et à des gens qui ont peur d'avoir du courage. Je ne réussirai peut-être pas mieux avec ceux-ci qu'avec les autres. On a une tendance admirable à se laisser prendre ; c'est le point de ressemblance de tous les partis.

« Si nos malheurs se confirment, j'espère que vous

n'aurez plus d'embarras à ce qu'on me trouve chez vous. Votre générosité prendra mon parti.

« N'ajoutez pas à nos désastres publics le désastre privé de me faire refuser votre porte à trois heures. Songez que je suis dans l'adversité.

« J'ajoute quelques mots. Depuis mon billet, on vint chez moi. Les nouvelles se confirment. Il n'y a plus que quelques heures pour sauver la pauvre France. Ne dites pas ce que je vous mande, surtout comme de moi. Je passerai chez vous peut-être avant trois heures, suivant que j'aurai du temps. Nous sommes convoqués au conseil à six heures. Si vous êtes curieuse, dites qu'on me laisse entrer. »

LETTRE XXXVII

« Je vous écris pour rappeler votre bonne promesse de me recevoir à onze heures. A moins qu'un devoir ne m'appelle, je me présenterai chez vous. Ne me donnez pas la douleur d'être renvoyé. Toute douleur qui viendrait de vous serait plus cruelle que tous les coups de la destinée. Je viens de faire une dernière tentative vis-à-vis de celui[1] que je voudrais engager à se sauver en sauvant la France. Je ne sais quel résultat elle aura. N'étant pas député, c'est tout ce que je puis faire. Mais j'éprouve qu'il est bien plus difficile de dire la vérité au malheur qu'à la puissance. Le temps se perd et mon âme est déchirée.

« Aujourd'hui est le dernier jour de salut. Je n'espère pas qu'on en profite. Je consentirais à ce qu'on

___
1. L'Empereur.

nous mit tous dans une barque, pourvu que l'étranger ne régnât pas en France. Vous verrez ce que seront les Bourbons doublés des Cosaques pour la seconde fois. Enfin, j'espère vous voir dans une heure. Mon âme se repose sur cette perspective, et je ne veux rien prévoir au delà.

« Donnez des ordres pour qu'on me reçoive. Votre amitié est ma seule pensée douce, et je vous aime tant que je jouis du malheur qui vous intéresse à moi. »

LETTRE XXXVIII

« Vous pensez bien que je ne partirai pas sans vous écrire un mot, quand même je n'aurais pas le prétexte du passe-port. Comme vous m'avez demandé quelle lettre on m'avait écrite pour me nommer commissaire[1], en voici la copie ; je désire que vos amis malveillants la voient, parce que, comme la nomination des autres a été connue avant la mienne, ils pourraient dire que je me suis fait adjoindre, et je veux qu'on ne m'en soupçonne pas, parce que vous vous intéressez à moi.

« Mon Dieu ! quelle angélique créature vous êtes ! Quoique vous ne donniez pas de bonheur, on est heureux de vous aimer, parce qu'on a raison. Quand vous verrez ceci, je serai en route pour l'ennemi. Je

---

1. Membre de la commission dont il a été parlé dans une note précédente. (*Note de madame L. C.*)

ne reviendrai qu'avec la liberté pour la France. Tout ce que je ferai de bien, vous y présiderez. C'est vous qui avez donné l'impulsion à ma destinée. Adieu. Je vous aime du fond de mon cœur avec une passion qui est ma vie.

« Envoyez quelqu'un, Paul, par exemple, dans les bureaux avec le billet ci-inclus, qui est assez cérémonieux, j'espère!—Mon Dieu! que je vous aime! »

LETTRE XXXIX

« Soissons, 4 heures du matin.

« Je vous écris pendant que nous changeons de chevaux. Notre voyage n'a jusqu'à présent éprouvé aucun retard. C'est ici seulement que les difficultés physiques commencent. Il y a peu de chevaux et les routes sont fort encombrées de gens qui retournent de votre côté. Si l'on parvient à réorganiser le moral de l'armée, les ressources sont immenses. Il y a eu beaucoup moins de pertes en morts que l'on ne croit, et tous les fuyards s'en retournent avec leurs armes. Il n'est question que de leur rendre l'envie de se battre, si l'ennemi en veut à la France et à son honneur.

« J'espère que vous avez reçu ma lettre de hier avec un billet, pour être montré dans les bureaux de M. de Vicence, et la copie d'une lettre à moi. Je vous prie de ne pas montrer cette dernière. C'était pour vous que je l'avais copiée ; je ne voudrais pas qu'elle tombât en d'autres mains.

« Il paraît que l'ennemi n'a fait encore aucun progrès réel. J'ai la conviction que si Paris le veut, on aura une paix honorable qui garantira l'indépendance et la liberté. Mais il ne faut pas, tandis que nous négocions, qu'on annonce le désir d'embrasser les genoux de l'étranger. La cocarde blanche ne serait pas dans ce moment-ci un pacte avec Louis XVIII, mais une soumission aux Anglais et aux Prussiens. On peut avoir, de ce qui est revenu sur ses pas, cent mille hommes bien armés en avant de Paris. Le maréchal Grouchy en a bien cinquante mille. C'est un bon corps de réserve pour traiter.

« Depuis que je ne suis plus à Paris, je suis inquiet de vous. Mais c'est, je pense, un effet naturel de l'absence plutôt qu'une inquiétude motivée sur des raisons. Je crois que si un parti n'agit pas, le parti contraire se tiendra également tranquille. Si les royalistes remuent, les fédérés se soulèveront. Il y aura du désordre et du mal sans fruit pour personne, et la paix même peut en souffrir.

« Montrez donc le plus que vous pourrez votre visage d'ange qui calme les âmes, et vous aurez contribué au salut public.

« Les chevaux arrivent. Je suis forcé de finir. Vous a-t-on porté ma caisse blanche? Je ne puis vous dire de m'écrire, car je ne sais où nous allons. Adieu. Vous savez que je vous aime, et que, ne pouvant mettre mon bonheur dans le succès, je l'ai mis dans un sentiment dont je ne pourrais pas me passer et qui fait partie de moi-même. »

TROISIÈME SÉRIE

1815

(APRÈS LES CENT-JOURS)

LETTRE XL

« N'oubliez pas que vous m'avez accordé l'heure de midi. C'est ma seule consolation, et, si j'en crois tous les bruits qui me sont revenus ce soir par deux personnes arrivant d'auprès du roi, tous ceux qui ont été du parti vaincu auront besoin de consolations. Pozzo di Borgo est furieux, M. de Talleyrand lui-même est violent par complaisance; on ne parle que de punir et de punir beaucoup. L'on est particulièrement furieux contre les ambassadeurs dont j'ai été l'un. Pozzo dit que nous avons été honteusement chassés; que cette dernière action est trop heureuse pour le gouvernement, parce que sans cela il aurait fallu nous ménager, mais que nous nous sommes mis à la tête de la rébellion, que nous avons commis un crime de lèse-majesté, et qu'on pourra nous traiter avec toute la rigueur des lois, et qu'on le fera. En écoutant tout ce beau discours répété par l'homme à qui Pozzo parlait, je n'ai senti que le plaisir de vous intéresser davantage. Après le bonheur que j'ai manqué, celui d'être assez bien placé dans la société pour vous voir sans cesse, le second bonheur est d'être assez malheureux pour vous occuper de moi ; et cela promet. A midi donc. Sans vous, je vous jure que je serais horriblement triste ; grâce à vous, je ne le suis pas du tout.

LETTRE XLI

« Je vous demande pardon d'avoir excité votre impatience hier soir en cédant à la peine que me causait votre indifférence. Je reconnais que je n'ai aucun droit à manifester cette douleur. Mais elle est dans mon cœur depuis un an, depuis le jour fatal où vous avez voulu voir quelle impression vous produiriez sur moi. Vous croyiez cette impression passagère. Elle a décidé de toute ma vie. Elle a été dévorante à chaque minute. Elle m'·, par diverses conclusions, entraîné à tout ce que j'ai fait. Ce n'est pas votre faute, vous ne l'avez pas longtemps encouragée. Aussi je la dompte, et vous aurez la justice de convenir que je ne vous importune pas. Pardonnez donc à ma douleur, si de loin en loin elle se trahit, et ne m'ôtez pas la dernière consolation de ma triste vie...

« Je vous écrivais ceci quand on m'a apporté cette

lettre. C'est sûrement un ordre d'exil qu'on va me notifier. Je résisterai, mais les étrangers sont derrière. Croyez-moi, toutes les persécutions me seront moins pénibles qu'une preuve d'indifférence. Je ne suis rien que par vous. *La Quotidienne* demande ma punition en place de Grève avec M. de Labédoyère. Cela n'ira pas jusque-là. Renvoyez-moi la lettre, et dites-moi si, malgré vos affaires d'aujourd'hui, je pourrai, en sortant de la police, vous voir un moment. J'aime à me flatter que vous mettez de l'intérêt à savoir le résultat. Ne fixez pas l'heure, car on ne sait pas quand on sort. Oh! vous êtes bonne et généreuse; mais je suis bien malheureux de ce que ces qualités me suffisent si peu. Je vous aime avec un tel abandon, une telle idolâtrie!... Adieu! Mon domestique ne peut attendre votre réponse, parce que j'ai besoin de lui; mais envoyez-la moi avec la lettre.

« Ange compatissant, dont je serai peut-être bientôt séparé pour jamais, Dieu vous bénisse et veille sur vous!...

« Si, par hasard, c'était indispensable, connaîtriez-vous un endroit dans Paris, où, par votre recommandation, je puisse coucher une nuit? »

LETTRE XLII

« Voici la réponse de madame de Luynes. Madame de Cattelan a-t-elle lu mon apologie [1]? Pouvez-vous me la renvoyer? Je désire toujours que cet exemplaire, qui n'est pas parfaitement exact, ne sorte pas de vos mains, et si votre intérêt daignait vous suggérer l'envie de montrer cet écrit à d'autres, je vous enverrais une autre copie tout à fait conforme à celle qu'a vue le roi.

« Maintenant, un mot sur ce soir : je vous demande une grâce; je me suis résigné à ne pas vous importuner aujourd'hui de tout le jour; mais, au nom du ciel, ne me faites pas venir à onze heures pour me dire un mot en particulier, et pour garder d'autres

---

1. Sa défense sous la seconde Restauration.
(*Note de madame L. C.*)

après moi. J'en éprouverais une telle douleur que je frémis en vous écrivant. Il y aurait de la férocité à me faire passer une nuit d'agonie. Je m'en remets à votre bonté, mon sentiment la mérite.

« Gardez-moi donc un quart d'heure où je puisse vous voir librement. Que votre volonté soit faite ; mais ne faites pas un mal affreux et gratuit à un cœur qui se livre à vous. »

LETTRE XLIII

« Les Chambres se sont assemblées samedi. Le discours du roi a fait assez de plaisir aux hommes modérés. Les constitutionnels, trop exigeants, ont trouvé qu'il n'en disait pas assez, et les royalistes purs qu'il en disait trop. C'est en faire l'éloge.

« Plusieurs députés, en prêtant le serment, ont voulu y mettre des restrictions qu'on a étouffées, mais qui paraissent aux espérances des uns et aux craintes des autres des pierres d'attente. En effet, c'est ce qui est toujours arrivé dans nos assemblées. Les exagérés s'y montrent, on les repousse; ils recommencent, et ils l'emportent.

« La discussion de la Chambre des pairs à ce sujet est d'une nature à laisser prévoir quelque chose d'analogue. Deux avis ayant été ouverts, l'un, d'exclure formellement les pairs qui refusent le serment, l'autre, de se borner à exprimer que les pairs qui l'avaient prêté avaient été admis à siéger ; ce dernier avis, qui est un moyen d'éluder la question et d'épargner aux pairs qui refusent toute mention désavantageuse, a été soutenu, non-seulement par les royalistes purs de l'assemblée, comme l'ancien évêque de Langres et M. de Frondeville, mais par M. le duc de Berry; et, comme il arrive toujours, un parti mitoyen a prévalu : on n'a prononcé l'exclusion de personne, mais on n'a admis que ceux qui avaient prêté le serment. Les pairs qui l'ont refusé ont persisté et se sont retirés avec la faveur qui accompagne un sacrifice. M. de Richelieu est intervenu dans la discussion avec des formes qui prouvent que le ministère et les constitutionnels se sentent, vis-à-vis des royalistes purs, dans la position où étaient, dans le commencement de la Révolution, les royalistes constitutionnels vis-à-vis des patriotes exagérés. La marche des choses est invincible.

« Les votes pour les candidats dans la Chambre des députés portent le même caractère. L'unanimité pour M. Lainé est un hommage de souvenir. Mais 170 voix pour M. de la Trémouille et 125 pour M. de Clermont-Saint-Jean, qui a promis dans un discours public aux électeurs qu'il professerait les mêmes principes qu'il avait professés dans l'Assemblée constituante, où il était l'aristocrate le plus prononcé, sont des indices de la ligne qu'au moins la moitié de l'assemblée suivra d'affection.

« On dit le ministère ébranlé. Ce n'est pas que l'opinion publique ne l'appuie ; mais il n'a qu'un tour, comme le chat de La Fontaine, et ce tour est bon tant qu'il réussit, c'est d'offrir sa démission toutes les fois qu'on le contrarie. Il l'offrira tant qu'un beau jour il l'obtiendra. Les journaux qu'on appelle de l'opposition font de longs articles en sa faveur. C'est mauvais signe.

« La paix est toujours présumée détestable. Les Anglais soupçonnent les Prussiens et déchirent les Russes. Ceux-ci détestent les Anglais et désavouent les Prussiens. La mode de tous ces étrangers, mode fort insolente de leur part, est de dire que les Bourbons ne peuvent pas régner. C'est bon pour rattacher la nation au roi. Le roi et la nation y gagneront.

« L'affaire d'Espagne paraît réellement apaisée. Le peuple espagnol hait les libéraux. C'est une démence de vouloir le contraindre à être mieux gouverné que ce n'est son goût.

« Une même gazette officielle contient deux ordonnances : l'une qui nomme une quantité de ministres d'État avec 20,000 francs d'appointements, l'autre qui ordonne que le payement de ces 20,000 francs n'aura pas lieu. C'est conférer des faveurs à bon marché.

« Madame de Krudner continue sa mission; sa puissance est une conviction profonde, et son charme une bonté immense. On oublie en l'écoutant ce qu'elle a qui paraît bizarre, ou plutôt on passe à côté, pour ne pas se faire mal à soi-même; il y a en elle quelque chose que la religion seule donne et qui tient de la nature divine : c'est de s'occuper à la fois de toutes les douleurs et de suffire à toutes pour les soulager. On dirait qu'elle a donné au temps quelque qualité de l'éternité, et qu'il suffit à tout dans ses mains; aussi elle est fort entourée, et ceux qui la trouvent étrange ne peuvent se défendre de l'aimer. Elle est dans le mouvement religieux actuel, qui est vif et vague, une apparition assez importante. L'incrédulité a rompu la communication de la terre au ciel, et l'homme se trouve dans un cachot. Toutes les fois qu'il est là, il a soif de voir la communication rétablie. »

LETTRE XLIV

« J'ai vu hier madame de Krudner, d'abord avec du monde, ensuite seule, pendant plusieurs heures. Elle a produit sur moi un effet que je n'avais pas éprouvé encore, et ce matin une circonstance y a ajouté : elle m'a envoyé un manuscrit, avec prière de vous le communiquer et de ne le remettre qu'à vous ; elle y met beaucoup de prix, à ce qu'il me semble, car elle m'a fait demander un reçu. Je voudrais bien le lire avec vous. Il m'a fait du bien. Il ne contient pas de choses très-nouvelles. Ce que tous les cœurs éprouvent ou comme bonheur ou comme chagrin ne saurait être neuf ; mais il a été à mon âme dans plus d'un endroit. Je suis gêné à vous en parler. Je crains que dans l'impression que j'éprouve il ne se mêle de votre impression. L'idée que c'était à moi que

madame de Krudner l'envoyait pour vous m'a ému
à elle seule. Je ne sais s'il en est résulté l'ébranlement qui dure encore et qui augmente chaque fois
que je parcours quelques phrases de ce cahier. Je
vous l'ai dit, plusieurs sont communes, et cependant
ces phrases communes ont pénétré en moi je ne sais
comment. Il y a des vérités qui sont triviales et qui
tout à coup m'ont déchiré. Quand j'ai lu ces mots,
qui n'ont rien de frappant :

« Que de fois j'enviais ceux qui travaillaient à la
« sueur de leur front, ajoutaient un labeur à l'autre,
« et se couchaient à la fin de tous ces jours, sans sa-
« voir que l'homme portait en lui une mine qu'il
« doit exploiter! Mille fois je me suis dit : Sois
« comme les autres. »

J'ai fondu en larmes. Le souvenir d'une vie si
dévastée, si orageuse, que j'ai moi-même menée contre tous les écueils, avec une sorte de rage, m'a saisi
d'une manière que je ne puis peindre. Quoi qu'il en
soit du reste, cela est pourtant vrai que, sans malheur
extérieur, j'ai souffert plus d'angoisses que le malheureux sur la roue, que je les avais méritées, car
j'avais aussi fait souffrir, et que j'ai envié cent fois
tout ce qui ressemblait à une vie réglée, et que je
n'ai trouvé de paix nulle part. Je ne vous dis pas le
quart de ce que je sens; je crains de gâter une im-

pression en essayant de vous la faire passer par moi. Je vous porterai demain le manuscrit. Si vous me laissiez vous le lire, d'autant qu'il est assez mal écrit, vous me feriez plaisir. Je vous aime. »

LETTRE XLV

« Je vous remercie de votre lettre ; elle m'a fait du bien, comme le moindre témoignage de votre plus faible intérêt. J'espère aller demain vous voir, ou plutôt j'en suis sûr, à moins d'un accident imprévu, car, fussé-je malade, j'irai tout de même. J'ai trop souffert hier de n'y avoir pas été. Je commence d'ailleurs à croire que mon indisposition ne sera pas violente ; je prends la fièvre depuis trois jours tard le soir, et elle me quitte le matin. Pardon de ce détail ennuyeux et inutile.

« Je suis bien malheureux si ma manière de vous interpréter ou de vous parler vous blesse, ou vous rend différente de vous-même. Je ne le conçois pas. Jamais homme ne s'est plus résigné à ne recevoir que des preuves d'un intérêt d'amitié en échange du dévouement le plus absolu. Toutes mes paroles sont des essais pour obtenir un mot qui certes n'aurait d'autres conséquences que de me soulager de l'affreuse douleur qui m'abîme.

« Quand, il y a quelques jours, je vous disais que j'avais espéré faire un peu de progrès dans votre affection par l'habitude, mais que je vous étais aussi étranger que le premier jour, comment cela, par exemple, pouvait-il vous blesser? Comment ne voyez-vous pas que c'était l'humble supplique d'un malheureux qui se meurt et qui avait besoin d'un pauvre soulagement qu'il implorait? Vous avez gardé le plus froid silence. Je ne vous accuse pas. Ce n'est pas votre nature. Il y a quelque chose d'inexplicable dans votre disposition pour moi. Vous n'êtes pas comme cela avec les autres. Mais il est certain que vous me voyez souffrir, sans avoir aucune pitié. Quand M. Ballanche est blessé ou affligé par vous, vous avez besoin d'une explication. Pourquoi ne suis-je pas M. Ballanche pour vous? Avec moi, loin de vouloir une explication, vous laissez peser la douleur sur mon cœur jusqu'à ce qu'elle le brise. Vous en serez fâchée une fois. Vous ne pouvez vous faire illusion. Votre influence sur mon sort n'est pas méconnaissable. Hélas! je suis content de si peu. Vous qui parlez de faire du bien, pourquoi ne m'en faites-vous pas? Croyez-vous qu'il n'y ait pas quelque mal à froisser une affection si vraie et si soumise, et à laquelle vous rendez justice?

Vous apercevez dans les autres de la fatuité, des prétentions. Mais, en moi, y a-t-il l'ombre d'amour-propre dans mon dévouement? Ne savez-vous pas vous-même mettre la main sur votre conscience et vous répondre que je proclamerais aux yeux de toute la terre ce qu'il y a de plus humiliant pour la vanité, en échange d'un seul regard d'affection? Je vous jure que j'en suis quelquefois affligé pour vous. Quand il sera trop tard, vous vous reprocherez peut-être, quelque soin que vous preniez d'étouffer votre vie sous de bonnes actions de détail, vous vous reprocherez de n'avoir pas fait ce qu'il était si facile de faire pour sauver un ami tel que le ciel en donne rarement et qui demandait si peu. J'aurais pu être si bon par vous, si bon et si heureux! Pourquoi avez-vous craint de m'associer au bien que vous faites? Pourquoi avez-vous traité tous mes bons mouvements, les plus purs, les plus simples, avec autant de rigueur que mon amour?

« Je ne cherche point à faire des scènes. Je souffre solitaire, ma porte fermée, et chaque minute est de l'accablement et de la douleur. Et vous pouvez me soulager d'un mot. Votre lettre d'hier m'a donné trois heures de relâche. J'avais passé ma journée tout seul, et je n'étais sorti que pour aller voir madame de Krudner. L'excellente femme! Elle ne sait pas tout, mais elle voit qu'une peine affreuse me consume. Elle m'a gardé trois heures pour me consoler. Elle me disait de prier pour ceux qui me faisaient souffrir, d'offrir mes souffrances en expiation pour eux, s'ils en avaient besoin. Je l'ai fait de bien bon cœur. Je voudrais croire et j'essaye de prier. J'ai dit à cette puissance inconnue que je me résignais à mourir dans l'isolement où vous me laissez, pourvu que vous fussiez heureuse. Une fois vous m'avez dit qu'il était doux de prier pour ceux qu'on aimait. Je ne vous veux que du bien. Je crains pour vous, quand ma vie se sera usée. Il n'y a que vous qui ne voyez pas qu'elle s'use. Il n'y a que vous qui ne daignez pas remarquer la différence de ce que j'étais et de ce que je suis. Je lisais hier cet article sur moi dans un journal, et je me demandais pourquoi j'ai ainsi disparu du monde? Vous le savez. Croyez-vous qu'il n'y ait aucun mal à causer tant de peine à qui ne veut que vous aimer, à qui ne demande point d'amour?

« Adieu. Je suppose que vous aurez cette lettre quelques heures avant mon arrivée. Traitez-moi doucement. Je ne vis que par vous. Adieu. Ne soyez pas fâchée. Il n'y a point de murmure au fond de mon cœur, et si j'avais un moyen pour vous causer un instant de plaisir, je serais consolé de toutes mes peines. »

LETTRE XLVI

« Je m'acquitte avec un peu d'embarras d'une commission que madame de Krudner vient de me donner. Elle vous supplie de venir la moins belle que vous pourrez. Elle dit que vous éblouissez tout le monde, et que par là toutes les âmes sont troublées et toutes les attentions impossibles. Vous ne pouvez pas déposer votre charme, mais ne le rehaussez pas. Je pourrais ajouter bien des choses sur votre figure à cette occasion; mais je n'en ai pas le courage. On peut être ingénieux sur le charme qui plaît, mais non sur celui qui tue.

« Je vous verrai tout à l'heure. Vous m'avez indiqué cinq heures, mais vous ne rentrerez qu'à six, et je ne pourrai vous dire un mot. Je tâcherai pourtant d'être aimable encore cette fois. »

LETTRE XLVII

« Si vous avez envie de voir madame de Krudner, qui vous aime et le désire, il ne faut pas perdre de temps. L'empereur de Russie part après-demain, et je crois qu'elle le suivra peu d'heures après. J'aurais bien voulu que vous la vissiez. J'avais à lui demander une chose qui m'est importante. Avec mon caractère, je n'ai pu le prendre sur moi; vous auriez peut-être eu cette bonté.

« Notre conversation de lundi m'a laissé une impression douce, quoique triste. Croyez-vous que je ne sais pas au fond du cœur que vous n'êtes point frivole dans l'âme ? Ce que j'en dis, est tantôt pour obtenir que vous réfutiez mes accusations de manquer de toute amitié, parce que la moindre assurance que vous en avez pour moi m'est un soulagement; tantôt parce que je vous vois le système d'étouffer votre meilleure et plus profonde nature, et c'est un mal que vous vous faites, et que vous faites à ceux de vos amis qui sont dignes de vous aimer. C'est par politesse que je mets cette expression au pluriel. Non, nos natures ne sont pas différentes. La crainte de souffrir vous donne un air d'insouciance, comme elle me donne un air ironique. Mais il y a en nous quelque chose de bien mieux, et qui, quoi que vous en pensiez, établira, à une époque quelconque, une sympathie durable et indestructible entre nous.

« Hélas ! le moment n'en est pas venu, et les circonstances vont probablement nous séparer pour jamais. Si j'avais obtenu le rang d'amitié que je méritais peut-être, j'aurais bravé toutes les circonstances.

« Je ne puis vous mander que la nouvelle que tout le monde sait, le renvoi de Fouché. On dit qu'il sera suivi de plusieurs autres ministres.

« Si vous ne venez pas à Paris, je vous supplie d'écrire un mot, et je voudrais aussi prendre le jour le plus prochain pour aller vous voir encore, quand je serai sûr de n'offenser personne par ma présence.

« Adieu, mon cœur vous est tout dévoué. »

LETTRE XLVIII

« Je vous verrai à cinq heures, mais je veux auparavant vous remercier de l'indulgence que vous avez eue pour le mouvement d'impatience qui, du reste, n'a laissé aucune impression dans l'esprit d'Auguste (de Staël). Nous avons beaucoup causé en revenant, et nous sommes arrivés les meilleurs amis du monde, sans qu'il attribuât à rien de personnel à vous l'accès d'humeur que j'avais eu le tort de laisser apercevoir. Je deviens si bizarre dans le monde, je suis tour à tour si découragé, si taciturne ou si irritable, que bientôt mes paroles ne compteront plus. Je suis comme un homme qui se meurt de la poitrine. Je vois mourir chaque jour ma raison et mes facultés. Votre bonté rend cette mort beaucoup plus douce, et si, quand vous avez le temps d'y penser, l'idée de m'épargner beaucoup d'angoisses peut vous être douce, vous pouvez vous rendre ce témoignage. Le malheur de n'avoir pas été aimé de vous est irréparable. Du moment où mon funeste sentiment s'est emparé de moi, ma perte a été décidée. Mais vous n'avez rien à vous reprocher; vous ne pouviez deviner ce caractère peut-être unique au monde, qui ne peut être saisi que par une seule pensée, et qui en est dévoré, comme par un oiseau de proie acharné sur lui. Ce qui n'eût été pour un autre qu'une tentative et une douleur de trois mois, a été l'anéantissement de ma vie. Mais, encore une fois, vous êtes bonne pour moi, et ce que je souffre ne me rend plus injuste comme dans les premiers temps. Quelquefois aussi je me suis dit que dans cette passion si inexplicable et si douloureuse il y a peut-être de la volonté divine; qu'au milieu de cet amour dont je ne vous parle presque pas, et précisément pour ne pas vous en parler, je vous fais entendre des mots salutaires; que je rappelle dans votre âme l'ordre des sentiments qui vous réclament : je suis une lyre que l'orage brise, mais qui en se brisant retentit de l'harmonie que vous êtes destinée à écouter.

« Oui, je le crois, malgré la lutte que vous éprouvez, malgré ce monde qui vous retient, malgré les amis qui vous enchaînent au cercle de distractions et d'intérêts où vous trouvez si peu d'aliments, vous vaincrez ces obstacles, ou, pour mieux dire, le ciel les vaincra ; il vaincra cette partie de vous qui, sans le méconnaître, veut négocier avec lui, et lui dispute la suprématie de la meilleure partie de vous-même. Vous sentez le vide, et il ne se remplira pas. Tout ce que les jouissances de l'amour-propre, l'empressement des hommages, le plaisir d'être entourée, l'amusement de la société, le sentiment d'être une personne à part, l'égale de tous les rangs, la première de tous les cercles, où votre présence est une faveur, tout ce que cela peut donner, et plus encore le langage de l'amour qu'on vous prodigue, le charme des émotions passagères que ce langage vous cause, cette espèce de sensation agréable par le mélange même de la crainte que vous éprouvez en vous en approchant sans vouloir y céder, ce qui constitue l'irrésistible séduction de ce que l'on appelle votre coquetterie, toutes ces choses vous sont connues; elles sont épuisées par vous, elles ne remplissent ni votre cœur, ni votre vie. Vous êtes fatiguée de vous-même.

« Je me dis donc quelquefois que ce n'est pas un simple effet de votre charme que je n'aie plus d'autre existence que de la douleur pour moi et de l'affection pour vous. Je suis destiné à vous éclairer en me consumant, à vous racheter par ma souffrance, et quand cette souffrance devient trop aiguë, quand, en traversant tous mes membres, comme un poison rapide, elle me donne un pressentiment de mort qui se réalisera bien un jour, je me dis que cet événement même est peut-être le choc nécessaire que vous avez besoin de subir. Ce n'est pas de la vanité. Je sais que dans l'état actuel de nos relations si peu intimes, ma mort ne produirait en vous qu'un regret bien faible.

« Mais une séparation irrévocable, la conviction alors que rien n'est joué, la comparaison de dévouement que vous seule vous m'empêchez de vous prouver, à toutes les heures, avec l'égoïsme, le calcul, le factice de tout le monde, donneraient peut-être à votre insu et par degrés plus de puissance que vous ne pensez à mille souvenirs qui aujourd'hui ne sont rien. Je vous le jure, cette idée me console du triste prodige qui s'est opéré en moi, de ces facultés dont je ne puis faire usage, de cette indifférence sur tout ce qui m'est personnel, de ce découragement que ni les éloges, ni les sollicitations, ni les offres ne peuvent surmonter. Je me dis qu'il faut que je sois ainsi, pour vous ramener à la sphère d'idées dans laquelle je n'ai pas le bonheur d'être tout à fait moi-même. Mais la lampe ne voit pas sa propre lumière et la répand pourtant autour d'elle. C'est là ce que j'ambitionne, ce qui m'aide à vivre. Du reste, je n'ai plus rien à faire en ce monde. Mon amour-propre, peut-être excessif, est humilié. Vous m'avez averti que je ne pouvais plus obtenir d'affection. Vous m'avez rendu odieux les dons de l'esprit qui n'ont pas su vous plaire ; les éloges qu'on me donne, les facultés qui me les attirent, mon talent, ma réputation me sont en horreur, comme ayant trahi mon unique désir.

« Je demande au ciel une mort douce et prompte, qui laisse une trace de moi dans votre pensée, et qui vous aide à vivre dans la sphère où tant de mouvements intérieurs vous appellent. Mon cercueil sera plus éloquent que ma voix, mon souvenir moins importun que ma présence. Pour moi, que me sert-il de vivre? Qu'est-ce que la vie quand on ne peut plus être aimé? Mais alors j'aurais vécu pour vous faire un peu de bien. »

LETTRE XLIX

« Sachez-moi gré de partir sans vous montrer toute ma douleur. Elle est profonde. Je ne veux me retracer que les occasions où vous avez été bonne pour moi. Aujourd'hui encore, Dieu vous protége et vous donne la force d'être heureuse puisque vous êtes loin de l'être dans votre vie actuelle. Souvenez-vous de moi. Écrivez-moi à Bruxelles, poste restante. Jamais cœur ne vous fut plus dévoué. Je vous aime comme si vous ne m'aviez fait que du bien. Adieu, ange de charme, chère Juliette, adieu ! »

QUATRIÈME SÉRIE

1815—1816

(VOYAGES)

LETTRE L

« Senlis, à 11 heures.

« Je crois vraiment que j'ai fait un effort au-dessus de mes forces. J'espérais que le voyage me jetterait dans une autre sphère, et ma pensée est fixée plus obstinément que jamais sur ce qui l'occupe depuis un an. Si cela dure, je mourrai dans quelque auberge. Mon Dieu, que vous avais-je fait pour détruire ainsi ma vie? Enfin le sort en est jeté. Nous verrons si l'éloignement, l'affection d'un autre, que sais-je? les preuves d'oubli que vous me donnerez sans doute, me guériront ou me tueront. J'ai mal mené ma vie, même sous le rapport de mon sentiment pour vous. Je vous voyais beaucoup, je devais profiter de tous les moments, et ne pas renoncer à ce qui faisait ma consolation parce que je n'obtenais point ce qui aurait fait mon bonheur. Je remonte en voiture sans savoir pourquoi; mon voyage est absurde. Je manquerai peut-être la personne au-devant de qui je cours, et vous perdrez jusqu'à cette habitude de me voir qui, jointe à la pitié, suppléait à l'affection. Écrivez-moi à Bruxelles. Ce sera une charité. J'y serai demain ou après-demain, car je voyage lentement. Je n'ai pas le courage de presser les postillons, et je sens que n'étant pas près de vous, et n'allant pas vers vous, je n'ai aucun intérêt à avancer.

« Adieu, ange funeste que j'aimerai toujours. »

LETTRE LI

« Bruxelles, 6 novembre 1815.

« N'est-il pas absurde que je vous écrive sans cesse pour vous parler de la même personne? Mais que voulez-vous que j'y fasse? Je comptais sur l'effet de l'absence, et il est contraire à ce que j'en attendais. Je m'attache à elle par le souvenir. Je la trouve meilleure que je ne l'avais sentie. Je m'accuse d'avoir été injuste et ingrat. Je me désespère de l'avoir quittée. Je frémis de la crainte d'être oublié par elle, et je crois que je mourrai de douleur dans cette affreuse auberge, inconnu, seul, sans qu'un être me rende d'autre service que de me faire enterrer. Que maudits soient les conseils des hommes et toutes les théories qu'on ne puise pas dans son propre cœur! Je me suis laissé entraîner par tous les lieux communs sur l'absence. J'ai jugé de moi par les autres ; j'ai rompu l'espèce de lien qui s'était pourtant établi. Je suis hors de sa vie sans avoir repris la mienne, et je souffre plus que le premier jour, et cette présence qui m'aidait à vivre m'est ravie, et quand je retournerais auprès d'elle, je ne la retrouverais pas. Pardon de vous occuper ainsi de moi ; mais vous êtes bonne, et vous savez que vous êtes la première cause de ce que je souffre.

« Ma vie est horrible. Je n'ai pas eu le courage de retourner chez madame de Bérenger. Je ne puis lui parler de ce qui m'occupe. Je n'ai de force pour rien. Je voulais écrire, je ne le puis. S'il n'était pas si cruel de se tuer sans intéresser personne, je ne résisterais pas à l'envie qui m'y pousse. Mais ces indifférents qui viendraient me contempler avec un étonnement stupide ! Au moins, elle m'aurait plaint ! Je me suis privé de cette seule consolation. Jeté dans un monde étranger, je ne sais que devenir, à qui parler, où poser ma tête. Oh ! qu'elle m'a fait de mal, et comment l'avais-je mérité d'elle ? Mais elle s'était trompée. Un autre l'a guidée, depuis elle a été bonne. C'est moi qui suis parti ; elle me tolérait : tout est ma faute.

« Dites-lui que je lui demande à genoux une lettre douce, si elle ne veut pas lire un beau jour que je me suis tué à Bruxelles, avec quelques réflexions du journaliste, sur ce que telle doit être la fin de tous les hommes de ce parti. Qu'elle me dise que rien n'est changé, qu'à mon retour je retrouverai son amitié. Elle risque peu de chose. Quelque douleur qui me dévore je ne retournerai à Paris que décidé à ne pas l'importuner, à me contenter de sa bienveillance. Enfin, qu'elle m'écrive. Elle trouvera bien une demi-heure pour me faire ce bien. J'ai tant souffert, je souffre tant pour elle !

« De nouvelles, je n'en sais point. L'on est ici anti-français. On déteste le passé, mais on méprise le présent et l'on ne croit point à l'avenir. Ma femme est encore dans les régions inconnues, à moins qu'elle ne soit allée à Paris, par une autre route, ce que je crains quelquefois.

« Vous écrire m'a soulagé. L'aimer est, je crois, vraiment la destinée du reste de ma vie. J'en aimerais mieux une autre ; mais puisqu'elle a fait d'elle-même ce qu'il faut pour cela, qu'elle en prenne pitié et qu'elle ne se prépare pas de remords.

« Un mot de réponse. Je suis si seul et le silence qui m'entoure est si cruel ! »

LETTRE LII

« Bruxelles, ce 8 novembre 1815.

« Je me suis déjà bien désolé de n'avoir pas de vos lettres. Hier, ma douleur était si vive que j'avais pris la résolution de me mettre en route pour Hanovre, quoiqu'ayant écrit à madame de Constant en partant de Paris, je n'eusse à peu près aucune chance de la trouver encore chez son frère. Mais j'aimais mieux courir la poste et trouver de la distraction dans la famille, que me désoler en pensant que j'étais oublié de vous. Votre lettre est venue ce matin, et me donne la force de rester ici, ce qui est ce que j'ai de mieux à faire. Ce n'est pas qu'elle soit longue, votre lettre : seize demi-lignes, quand, si je m'en croyais, je vous écrirais des volumes. Mais enfin, elle est une preuve que vous croyez à mon sentiment, et c'est tout ce que je veux. Vous êtes assurément faite pour plaire et pour subjuguer; mais, vous le verrez, tous les sentiments qui vous entourent sont mêlés d'égoïsme, ils s'useront tous. Le mien seul est à part, il leur survivra, et il y aura une époque quelconque, où, par droit de date, je serai votre ami le plus sûr, le plus dévoué, de votre aveu, comme je le suis déjà aujourd'hui, par le fait, au fond de mon cœur.

« Mon désespoir sur votre silence a pensé produire un effet si ridicule que je n'ai pu m'empêcher d'en rire, malgré ma tristesse. J'avais commencé une lettre pour vous par ces mots : « Je vous avertis que votre « oubli me désespère, et que je ne vivrai pas, si vous « ne venez pas à mon secours. Prenez-y garde pour « vous-même. Ni vous, ni moi, ne savons ce que c'est « que la mort, et quand vous m'y aurez précipité... » J'avais en même temps écrit à M. Meuss, correspondant de M. Récamier, pour le prier de prendre chez lui quelques effets pendant ma course à Hanovre.

« Dans le trouble où j'étais, je me trompe de lettre, et j'envoie à M. Meuss celle qui vous était destinée. Heureusement, il était sorti, et j'ai fait reprendre ma lettre. Mais quand je me figure ce banquier, qui m'avait fait une visite la veille, ouvrant ma lettre et lisant que son oubli me met hors de moi, et que je me tuerai s'il me néglige, je ne puis imaginer son étonnement sans rire.

« Ma vie est toujours très-solitaire. Madame de Bérenger et lady Charlotte Greville sont les seules maisons où j'aille. La société est d'ailleurs aussi exagérée qu'à Paris, dans une direction un peu différente. Ce n'est pas tel ou tel parti, mais la France en masse que l'on déteste, et l'on hait Bonaparte surtout comme le représentant de la force française. En ma qualité de vaincu, il ne m'est permis de céder sur aucun point, et si je voyais du monde, je passerais bientôt pour un ennemi de ce qui existe parce que je plaide pour la dignité française.

« 80,000 Prussiens devaient arriver ici demain, mais ils ont reçu contre-ordre et se cantonnent en France. Des bruits absurdes annonçaient des craintes sur la tranquillité de Paris. Je sais qu'il n'y a rien à craindre dans ce genre. Le gouvernement me paraît aller avec sagesse et modération, et tout s'arrangera sans doute au gré de tout le monde.

« J'ai trouvé ce qu'on appelle mon apostasie bien plus européenne que je ne croyais. Je pourrais être aussi flatté d'une part qu'affligé de l'autre, de l'envie que l'on aurait d'avoir le mot de cette énigme.

« Je le donnerai probablement ; vous-même vous ne le savez pas tout entier, non que je vous aie rien caché, assurément ; mais vous êtes un peu distraite, et l'on n'est pas invité à détailler ce que vous n'écoutez pas. *La Gazette de France* m'attaque de nouveau. Tant pis pour eux ; si je dis pourquoi je les ai abandonnés, ils en seront fâchés. Vous croyez bien, du reste, que je ne franchirai pas cette mesure, qui n'est ni dans mes sentiments, ni dans mes paroles, ni dans mes actions, mais qui est éminemment dans ce que j'écris.

« Madame de Constant n'est point arrivée. Mes projets sont vagues. Je crains Paris à cause de vous ; je crains l'enfer. Vous avez décidé de ma vie depuis le 30 août 1814. Vous en déciderez encore, quoi que je fasse.

« Écrivez-moi, je vous en supplie. Vos lettres seules me donnent de bons moments. Je vous aime autant que jamais, et j'espère que cette amitié s'identifiera une fois avec votre vie. »

LETTRE LIII

« Bruxelles, 15 décembre 1815.

« Au moment où je reçois votre lettre, un jeune voyageur vient me demander mes commissions pour Paris. Je n'en ai qu'une, c'est de vous remercier du bien que vos deux pages m'ont fait. Je suis bien fâché qu'une de mes lettres vous ait blessée. Pour me juger, il faut toujours songer à ce que j'ai souffert et à l'impossibilité où je suis encore, où je serai peut-être toute ma vie, de me remettre dans une position calme. Je m'agite sous des souvenirs qui ne perdent rien de leur intensité, et quelquefois je suis aussi désespéré que si je pouvais espérer encore. Cependant, croyez-moi, je suis plus juste que ce que j'éprouve ne semblerait le permettre. Je sens le prix de votre amitié; elle est la consolation d'une vie devenue bien triste, et dont l'avenir est bien incertain. Je ne puis me résigner à l'idée que nous ne nous reverrons plus, et je ne regarde l'Angleterre que comme une route plus longue, pour n'arriver à vous que lorsque je serai certain d'être plus raisonnable et moins importun.

« Je pars pour Londres la semaine prochaine. Je suis heureux de ne pas partir sans avoir reçu de vos nouvelles, et c'est du fond du cœur que je vous remercie. Il n'y a que vous, qui, d'un mot, puissiez faire autant de bien que vous faites, malgré vous, de mal. Malheureusement, l'un est durable et l'autre passager ; mais ce n'est pas votre faute, et le ciel a voulu prouver que rien n'était bon qu'à sa place, et que les anges ne valent rien sur la terre.

« Je pars donc pour Londres. J'y serai dans dix à douze jours, à moins que je ne me noie en passant d'Ostende à Margate, ce qui pourrait bien arriver, à ce qu'on m'assure. Écrivez-moi, je vous en conjure, sous l'enveloppe de MM. Doxat et Divett, Blonbury square, Londres.

« Canova a passé par ici, comme vous savez ; j'ai couru tout Bruxelles pour le trouver, mais inutilement. Ce n'était pas pour lui que je courais.

« Adieu. Mon voyageur me presse, et je finis. Merci de votre souvenir, et croyez que je ne cesserai pas de vous aimer tant que je serai condamné à vivre. »

LETTRE LIV

« Bruxelles, 14 janvier.

« Je vous ai écrit, il y a bien peu de jours, pour vous remercier de votre lettre; je vous récris encore, quoique j'aie peur de vous effaroucher et de vous décourager de m'écrire en vous importunant si souvent. Mais cette fois j'ai un petit prétexte, et je m'en prévaux.—Des arrangements domestiques m'obligent à prier vos protégées[1] de me rendre le service, qu'elles m'ont offert, de remplacer mon concierge, ce qui leur donnera bien peu de peine, puisqu'il ne s'agit que d'enfermer quelques effets et d'envoyer ensuite à mon avoué, dont je leur indique l'adresse, ce qui pourra venir pour moi. J'ai pensé qu'un port de lettre était pour elles quelque chose, que votre cha-

---

1. Les dames qu'il avait logées dans le pavillon de sa maison, rue de Berry. (*Note de madame L. C.*)

rité le verrait ainsi, et que j'aurais une excuse pour vous dire encore combien je vous aime. Voici donc une petite lettre pour elles. Joignez-y une parole pour stimuler leur zèle, et parlons d'autre chose.

« Imaginez qu'un domestique qui a été au service de madame de Cattelan et au vôtre a assuré qu'il vous avait rencontrée au parc avec Amélie [1]. On m'a dit cela abruptement dans le monde, et tous ceux qui étaient près de moi ont été frappés de mon trouble. Ah! il faut encore du temps pour que la blessure se ferme, et que je puisse respirer le même air que vous sans me perdre de nouveau. C'est pour cela que je vais en Angleterre; car, comme position, repos et fortune, Paris me conviendrait mieux. Cependant, j'ai lieu de croire que je serai assez bien reçu pour qu'on voie en France que je ne méritais pas de l'être si mal.

« Je pars après-demain. On dit le passage d'Ostende désagréable; mais j'aurai un sentiment de joie d'être embarqué. Bruxelles me pèse comme me donnant une couleur qui n'est pas la mienne.

« Je ne veux pas abuser de mon prétexte. J'espère que vous m'écrirez chez MM. Doxat et Divett. J'ai vu

---

1. Madame Lenormand.

que le prince Auguste était à ***. Est-ce un triomphe d'un autre Auguste [1] qui vaut bien moins ?

« Adieu. Je vous aime plus qu'il ne faudrait pour fixer seulement une époque à mon retour. Écrivez-moi, de grâce. »

---

1. Auguste de Forbin.

LETTRE LV

« Londres, ce 27 février 1816.

« Votre lettre m'a causé un plaisir d'autant plus vif qu'il était bien inattendu. Si une impression douce pouvait durer dans une âme qui ne se remettra jamais des longues douleurs qu'elle a éprouvées, je crois que les preuves de votre amitié auraient produit cet effet sur la mienne; mais je suis trop épuisé de ce que j'ai souffert en divers sens, pour ne pas retomber au bout de quelques heures dans une espèce d'apathie, qui me rend incapable de toute espérance et de tout effort. Ce n'est pas que vos conseils ne soient sages, et que je ne sois disposé à les suivre, si je ne puis croire qu'ils me serviront à quelque chose. J'y suis d'autant plus disposé que je déteste ce pays. Des invitations sans cordialité, de la curiosité sans intérêt, d'énormes assemblées sans conversation, et, ce qui est plus pénible que l'ennui, le sentiment que tous les partis sont également nos ennemis et ceux de la France; tout cela me rend ce séjour insupportable. J'ai vu et je vois tous les jours beaucoup de gens de tous les partis. Ils causent avec moi tant que je veux, chacun de leur ligue, et je puis protester que je n'ai pas encore vu un bon mouvement, et qu'il y a plus d'affinité entre le dernier Français le plus exagéré du parti qui proscrit le mien et moi, qu'entre moi et l'Anglais le plus libéral. Vous sentez donc bien que, si la France ne m'est pas fermée, je n'ai nulle envie de me la fermer, et, sous ce rapport, je me félicite d'être venu ici, parce que je ne me laisserai plus entraîner par l'idée que l'Angleterre serait un asile et offrirait un dédommagement. Mais, d'un autre côté, en observant bien la marche qu'on suit, je ne sais vraiment pas ce qu'on peut espérer. Le roi est excellent. Le ministère a de bonnes intentions; mais les Chambres l'entraînent, et une triste expérience m'a prouvé que lorsqu'une fois on se mettait à persécuter, on ne s'arrêtait plus. Si je n'étais pas parti, je ne songerais pas à partir. Mais mon départ, qui, comme seule vous le savez, avait une toute autre raison que la politique, a pourtant eu l'air d'y tenir par son époque. Le ministre de la police a eu, il est vrai, l'attention de m'envoyer à Bruxelles un passeport pour venir ici, dans lequel il a inséré : « Bon pour rentrer en France, » ce qui est de la bienveillance, et son secrétaire, qui est mon ami, m'a beaucoup invité, en m'envoyant ce passe-port, à ne pas rester trop longtemps absent. Je sais que M. d'Osmond [1], que je n'ai pas vu, a parlé de moi avec le désir que je ne fisse rien d'hostile. Mais, encore un coup, quand il y a des lois qui autorisent à arrêter tout le monde, quand il y a des dénonciations en contravention à l'amnistie, et quand on a excité comme moi beaucoup de haines, sans avoir fait aucun mal, peut-on espérer du repos? Si, avec votre excellent esprit, et vos relations qui vous mettent à même de juger très-bien la question, vous me dites que oui, je n'hésiterai plus et je quitterai avec transport Londres, ses raouts et ses brouillards, et je cesserai de me ruiner, en restant ici, car j'y dépense le triple de mon revenu. Une fois à Paris, je travaillerai à des choses qui n'auront aucun rapport à la politique ; je n'irai point dans le monde, et j'attendrai la fin d'une vie qui ne me promet plus rien, mais que je voudrais finir tranquillement, loin des étrangers, et en donnant à la personne dont j'ai pris la destinée, et qui est un ange d'affection et de bonté, un bonheur que je tâcherai d'avoir l'air de partager.

« Vous vous étonnerez peut-être de ce que je ne place pas l'amitié au nombre des adoucissements de

---

[1]. Ambassadeur de France en Angleterre.

ma vie. Je le devrais, en réponse à votre excellente lettre; mais il ne m'est point prouvé que je sois capable d'en profiter. Qui peut le plus ne peut pas le moins, et je ne voudrais plus vous être importun, ni comme sentiment ni comme société, en effarouchant vos autres amis. Je ne veux plus causer la moindre peine ni le moindre embarras à personne Je ne m'intéresse plus à moi-même. Le dernier coup que j'ai reçu, il y a juste, aujourd'hui 27 février, dix-huit mois, a épuisé mes forces et m'a rebuté de ma destinée qui a eu l'air de se jouer de moi au moment où je croyais arranger ma vie. Je n'en suis pas moins reconnaissant, je ne vous en aime pas moins ; c'est moi que je n'aime plus.

« Je n'ai point de nouvelles récentes de madame de Staël; elle m'a écrit, et, dans mon découragement, j'ai eu le tort de ne pas lui répondre. Je n'ai de force pour rien. Ma santé aussi n'est pas bonne. Ce climat est affreux en hiver. Madame de Constant ne le supporte pas mieux que moi. Elle serait bien heureuse de la France si elle croyait que j'y fusse en paix. Il n'est pas possible d'être meilleure. Je voudrais qu'elle eût rencontré non pas un cœur plus plein de tendresse et d'affection, mais un être doué de plus d'intérêt et de vie que je ne le suis. Trop de douleur en deux sens opposés m'a tué net.

« Il y a peu de Français ici, au moins dans la société. Flahaut brille parmi quelques femmes. Sébastiani s'ennuie à périr et part bientôt. Je vois souvent une lady Davy [1] que vous connaissez d'Italie. Mais la vie est détestablement arrangée. On ne fait de visites que le matin, quand on voudrait travailler. On ne se réunit qu'à minuit, quand on voudrait dormir.

« Adieu, vous m'avez fait du bien, et si la vie ne me pesait pas tant, ce bien aurait duré. En m'écrivant, vous m'en ferez encore.

« L'adresse de ces banquiers est MM. Doxat et Divett, 13, Bishopsgate street, Without. »

---

1. Femme de sir Humphrey Davy, le célèbre savant sur lequel lord Brougham a publié une notice si intéressante.
(Note de madame L. C.)

LETTRE LVI

« Londres, ce 14 mars.

« J'ai répondu il y a longtemps à votre si bonne lettre du 15 février, mais j'ai l'inquiétude que ma réponse ne soit pas partie. On m'assure que les petits bureaux où l'on dépose les lettres pour les acheminer au grand sont fort inexacts et empochent le port, ce qui simplifie beaucoup les correspondances. Je vous écris donc, et cette fois ma lettre sera mise au grand bureau.

« Si vous avez reçu ma lettre, vous m'aurez trouvé bien dégoûté de ce pays. Depuis, ma disposition est devenue plus juste, peut-être tout simplement parce que ma vie est devenue plus agréable. Je prends l'habitude des mœurs et des heures, et la sécurité dont on jouit ici, et que notre chère France contribue beaucoup à faire valoir, est un repos qui augmente en valeur par sa durée. On a été envieux de moi, et j'en suis bien aise, parce que cette disposition a tout le charme de la nouveauté.

« Camille Jordan est ici, dans tout l'épouffement d'un Français qui arrive, prenant les plus petits symptômes comme des signes mortels, concluant de la singularité d'un individu à la coutume nationale, mais toujours bien aimable. Flahaut est à son aise, protégé d'une grande dame, aimé d'une riche héritière, très-gracieux dans son insouciance et assez habile dans sa conduite. Sébastiani est moins heureux, parce qu'il veut être profond et qu'il paraît double, ce qui n'est pas, car c'est le meilleur homme du monde, et j'aurais bien tort d'être mal pour lui ; il a été parfait pour moi dans tout ce qu'il a pu. Je vous ai mandé que je voyais souvent lady Davy et sir Humphrey. Il y a deux jours que l'on parlait de vous, et tout retentissait d'éloges. Sir Humphrey Davy dit que vous étiez non-seulement attachante, mais dangereuse [1]. J'ai frémi. Camille m'a donné des détails sur votre vie. Elle est toujours la même. J'espère

---

1. Sir Humphrey Davy avait connu madame Récamier lors de son voyage en Angleterre, et l'avait retrouvée plus tard en Italie. On sait quelle impression madame Récamier produisit sur toutes les classes de la société lorsqu'elle arriva à Londres, après la paix d'Amiens, en 1802.

L'aristocratie anglaise avait alors une grande prévention contre les Françaises ; les mœurs et surtout les modes du Directoire étaient l'objet de la réprobation de cette haute société, où l'on s'imaginait toutes les femmes de France à

qu'elle est douce. Sigismond, m'a-t-il dit, est fort assidu; mais il m'a surpris en me le peignant tout aussi dépourvu d'esprit que de raison. Il approche donc de la rose sans rien prendre de son parfum? Il m'a aussi parlé du beau ténébreux, qui est toujours le même. Cela ne m'étonne pas. Quand on est un beau ténébreux depuis trente-cinq ans, il n'y a pas de raison pour que cela finisse. La nature peut vieillir, l'art ne vieillit pas, parce qu'il n'est jamais jeune.

« Quand nous reverrons-nous? J'en reviens toujours là avec un sentiment de terreur et de désir. Je n'ai, du reste, aucun projet fixe. J'aimerais autant ce pays que tout autre, la France telle que je la désire exceptée. Mais ce pays me ruine. Le climat convient mal à madame de Constant, qui, pourtant, ne veut

---

peine couvertes de ces tuniques diaphanes de forme grecque, que madame Tallien avait un moment adoptées. Aussi, ce fut un étonnement et une admiration générale quand on vit madame Récamier, éclatante de beauté, apparaître dans une mise simple et décente, dont les plus nobles Anglaises s'empressèrent d'imiter l'élégance. Benjamin Constant a lui-même écrit une page sur ce voyage en Angleterre, qui fit grand bruit :

« Le voyage de madame Récamier, en Angleterre, a été tellement décrit et célébré dans les journaux, que je n'en parlerai que très-brièvement. Ce voyage fut une suite d'hommages rendus à sa beauté d'abord, à sa grâce, ensuite à son esprit, à ses talents. Recherchée dans les cercles les plus brillants, objet de la curiosité publique et des empressements particuliers, elle se dérobait aux démonstrations de l'effet qu'elle produisait, sans néanmoins y être insensible. C'est

pas le quitter sans moi. Il faudra donc prendre un autre parti encore une fois, et mon avenir est vague.

« Je n'ai rien de madame de Staël, quoique je lui aie écrit. Ma lettre a peut-être été perdue. Je sais Albertine mariée. Je la souhaite heureuse. Son mari est un homme excellent, et je ne lui crois pas à elle, telle que l'éducation l'a faite, un besoin impérieux d'une sensibilité expansive. Madame de Staël a ramené ses enfants à une raison parfaite par l'excès et les démentis de son enthousiasme. J'ai au fond du cœur, avec de l'affection, une sorte d'humeur contre elle, pareille à celle de cet Irlandais qui accusait une femme de l'avoir changé en nourrice.

« J'ai été au Parlement, c'est superbe. Mon cœur battait en écoutant ces discussions réelles et solides.

---

une chose piquante dans sa destinée, que ce plaisir d'être admirée, dont elle ne pouvait se défendre, et que la timidité qui accompagnait ce plaisir. La duchesse de Devonshire, si longtemps célèbre par sa figure et par son activité politique, s'empara d'elle comme d'une conquête, et se fit un triomphe de la montrer, dans les promenades publiques et dans les spectacles, à la foule enchantée. Madame Récamier n'avait pas besoin d'être à la mode; mais la mode contribuait peut-être à l'empressement universel. Aucun peuple n'est plus soumis à cet empire que les Anglais. Ils semblent vouloir se dédommager de la sagesse qu'ils déploient dans ce qui est sérieux, par le sérieux qu'ils mettent dans ce qui est frivole; à Londres ainsi qu'à Paris, on l'environnait aussitôt qu'on l'apercevait dans un lieu public ; à Londres ainsi qu'à Paris, elle avait toujours l'envie de prendre la fuite dès que les regards étaient fixés sur elle. »   (*Note de madame L. C.*)

C'est autre chose que les pamphlets écrits de nos marquis et colonels députés. On fait bien, même comme amour-propre, de défendre chez nous les papiers anglais. Ce n'est pas que naturellement nous n'ayons plus de qualités, d'éloquence, de mouvements : mais !

« Adieu. Je vous aimerai toute ma vie. Je ne sais quand je vous verrai. Que devient madame de Krudner? Et vous, où en êtes-vous avec ce ciel qui vous a faite, mais pas pour notre salut? Conservez-moi quelque amitié. Il y a un an que j'étais bien malheureux. Je vous aime de toute mon âme. »

LETTRE LVII

« Londres, ce 5 juin 1816.

« J'ai été assez longtemps sans répondre à votre lettre. Je ne sais quel découragement, plus irrésistible encore que celui que, depuis que j'ai quitté Paris, je n'ai cessé d'éprouver, s'est emparé de moi. La vie ne cesse d'être une douleur qu'autant qu'elle ressemble à la mort. La nouveauté de l'Angleterre, l'accueil bienveillant qu'on m'y a fait, le tourbillon dans lequel j'ai vécu, m'avaient ranimé, au moins de curiosité; tout cela s'est usé. Ce que je voudrais, c'est une fin sans souffrance aiguë, et je laisse couler les jours, sans autre désir que l'absence de toute émotion. L'idée d'une lutte, d'une affaire, d'un intérêt quelconque me fait frémir. Je n'ai ni projet, ni envie de revoir la France. Je n'ai plus d'avenir et je déteste le passé. J'ai remis à un notaire toute la fortune que j'ai, en lui donnant tout pouvoir, et en lui laissant quatre fois plus qu'il ne faut pour payer mes dettes, à la seule condition qu'il me délivrerait de toute nécessité de m'en occuper. Ce que je veux, c'est du silence, du sommeil. Si ce climat n'avait pas fait un mal réel à la santé de ma femme, je n'aurais pas pensé à quitter ce pays, quoique je m'y ruine; mais j'ai encore pour y vivre deux ans, et j'espère que ma vie sera plus courte que ma fortune.

« Malheureusement la souffrance d'une autre me fait un devoir de la conduire à Spa, et j'y vais bientôt.

« On m'a engagé à imprimer le petit roman[1] que je vous ai lu tant de fois. On s'était mis à me le faire lire, et l'ayant fait pour deux ou trois de mes connaissances, je ne pouvais le refuser à d'autres. A présent, je m'en repens. Je ne vois jamais les inconvénients des choses qu'après les avoir faites. Je crains qu'une personne[2] à qui, cependant, il n'y a vraiment pas l'application la plus éloignée ni comme position, ni comme caractère, ne s'en blesse, mais il est trop tard. J'ai cédé au dernier mouvement d'amour-propre que j'aurai probablement de ma vie, car mon talent est fini.

« J'ai été forcé, en me débarrassant pour plusieurs

---

1. *Adolphe.*
2. Madame de Staël.

années et de mes revenus et de mes dettes, de donner carte blanche à mon homme d'affaires pour le loyer de ma maison. Je lui ai recommandé les plus grands ménagements pour vos dames. Si elles quittent, vous pouvez disposer de ma part d'un dédommagement pour elles. Je ne serai guère ici plus d'un mois. Après Spa, je ne sais pas trop ce que je ferai ; si vous daignez m'écrire, que ce soit ici. Je suis encore tout à fait à temps pour recevoir un mot de vous.

« Mon Dieu! quand on souffre pour vous, que la vie est douloureuse, et quand on a souffert, qu'elle est fade ! »

LETTRE LVIII

« Spa, 17 août.

« Les projets s'exécutent toujours plus lentement qu'on ne le suppose. Mon séjour à Londres s'est prolongé de plusieurs semaines, et cela m'a empêché de vous prier de m'y écrire encore, ce qui m'a privé bien longtemps de vos nouvelles. Dédommagez-m'en, si vous ne m'avez pas toutefois complétement oublié.

« J'ai mené madame de Constant ici très-indisposée et presque aveugle du climat d'Angleterre. Ses yeux se remettent et les eaux lui font du bien. J'ai été menacé d'une maladie grave pendant quelques jours, j'y ai échappé pour le moment.

« Nous avons ici un mélange de société que sa variété rendrait amusant, si l'ennui secoué cessait d'être de l'ennui. La mode est de monter à cheval de sept heures du matin à huit heures du soir. Le prince Auguste est ici. Il est ce qu'il a toujours été, quand l'amour ne le rendait pas pareil aux autres. Il a été très-affable pour moi, mais j'ai de l'ingratitude dans le caractère. Du reste, la majorité est anglaise, et vit à l'anglaise. On joue peu, le spectacle est mauvais, le temps détestable. Je ne m'ennuie pas, parce que j'ai le pressentiment que je ne m'amuserais pas plus ailleurs.

« *Adolphe* ne m'a point brouillé avec la personne dont je craignais l'injuste susceptibilité [1]. Elle a compris au contraire mon intention d'éviter toute allusion fâcheuse. On dit une autre personne [2] furieuse. Il y a bien de la vanité dans cette fureur. Je n'ai pas songé à elle.

« Nous irons d'ici je crois à Paris, mais je me suis fait des règles sévères sur ce séjour. Je n'y verrai positivement pas une âme, et personne n'aura avec moi la satisfaction de m'exclure, ni le plaisir de la générosité. Je ne veux être pour personne une occasion de vertu; mes projets ultérieurs sont fixés, mais seraient ennuyeux à détailler.

« Je suppose que vous avez quitté Plombières. Je voudrais croire que votre cœur est satisfait de la vie. Où en êtes-vous avec le ciel? J'ai fait ce que j'ai pu pour vous y pousser, faute de mieux. Vous êtes si

---

1. Madame de Staël.
2. Une Anglaise qui avait été célèbre par sa beauté, madame Lindsay, avec qui Benjamin Constant eut une liaison passagère. (*Note de madame L. C.*)

entourée que ce n'est que là que je pouvais espérer un tête-à-tête. Madame de Krudner est en Suisse, poursuivant sa mission avec sincérité, car la sincérité se comporte fort bien avec les petits moyens qui sont d'un autre genre. Je l'aime toujours de souvenir et de reconnaissance. Je lui en dois pour ses efforts inutiles, puisqu'ils ont abouti à mon départ.

« Vous savez que vos lettres me font toujours un bien vif plaisir.

« Mille tendres respects. »

CINQUIÈME SÉRIE

1816 a 1830

LETTRE LIX

« J'ai reçu des nouvelles de Coppet. Albertine[1] m'écrit tristement ; mais ils sont tous bien comme santé. Le grand château lui semble un désert horrible. Je le conçois. Elle me donne des détails sur la déclaration du mariage dans le testament et sur la reconnaissance de l'enfant qui est né. Il est à Coppet. Albertine me parle de la tendresse qu'elle éprouve pour ce petit frère Alphonse[2].

« Je suis triste et surtout indifférent. J'ai beau m'exhorter à l'intérêt, cela ne prend pas. Ni succès, ni revers ne m'émeuvent. Je ne sais plus m'irriter contre ceux qui sont mal pour moi, ni savoir gré à

---

1. Madame la duchesse de Broglie, fille de madame de Staël.
2. Fils de madame de Staël et de M. de Rocca.

ceux qui sont bien, si ce n'est par raisonnement. En tout je ne vis plus.

« J'aurais grande envie d'aller vous voir. Une foule de petites affaires qui m'ennuient m'enchaînent. Comment est madame votre cousine ?

« Mille tendres hommages. »

LETTRE LX

« Je me suis présenté chez vous, madame, avec madame B. Constant, mais vous étiez sortie. J'avais essayé deux fois de vous trouver. Si je sais quand on vous importune le moins, je renouvellerai mes tentatives

« Je voudrais aussi vous demander un petit éclaircissement sur un fait dont j'ai toujours oublié de vous parler. Quoiqu'il soit bien ancien, j'espère que vous n'en aurez pas perdu toute mémoire. Avant mon retour à Paris, je pris, en 1817, la liberté de vous prier de retirer d'une malle de papiers quelque chose que j'avais écrit, *dans un temps où j'étais bien malheureux*, et que je ne voulais pas que d'autres vissent.

« Vous eûtes cette bonté. Dans cette malle étaient des lettres de notre amie[1] qui ne devaient être vues

---

1. Madame de Staël.

de personne. Ne vous aurais-je pas prié de les retirer aussi ? Le fait est que je ne les ai pas retrouvées. Depuis la déplorable mort du pauvre Auguste[1], j'aurais besoin de ces lettres pour en montrer quelques parties au duc de Broglie et à sa femme. Soyez assez bonne pour me dire si vous les avez. Agréez mille tendres et respectueux hommages. »

---

1. Auguste de Staël.

LETTRE LXI

« La lettre que je joins à celle-ci, madame, vous disposera sûrement à faire ce que je viens réclamer de votre bonté, qui est toujours la même. Je ne connais pas le malheureux jeune homme[1] pour qui je vous prie de vous intéresser. Mais les circonstances que son frère m'a racontées sont telles que sa mort serait une rigueur bien cruelle et bien peu propre à atteindre le but que doit se proposer le gouvernement. Son âge de vingt-deux ans, la précipitation d'un jugement prononcé en trois quarts d'heure contre dix accusés, le désespoir de sa famille, la manière dont les journaux ont avancé que la tentative faite long-

---

1. Coudert, compromis dans la conjuration du général Berton, fut condamné à mort; madame Récamier obtint sa grâce. *(Note de madame L. C.)*

temps après son arrestation devait aggraver son sort, comme si un fait qui lui était étranger, et qui était indépendant de sa volonté, pouvait le rendre plus coupable; tout l'esprit de parti et de vengeance déployé dans cette déplorable affaire sont, ce me semble, des motifs de clémence qu'il est, j'ose le dire, dans l'intérêt de la royauté même de prendre en considération. Mais le temps presse. Le conseil de révision prononce samedi, et le malheureux jeune homme peut être fusillé le jour même. Il ne reste donc plus que douze heures pour que la clémence ne soit pas inutile. Il me paraît qu'en en parlant à M. de Montmorency, vous pouvez sauver ce pauvre jeune homme.

« M. de Montmorency aussi a été en danger de perdre la vie, quand il fut arrêté, je crois que c'était en Franche-Comté, après le 18 fructidor, et des hommes d'une opinion différente de la sienne ne balancèrent pas à faire tout ce qui dépendait d'eux pour sa délivrance. J'ajouterai, pour prouver que le malheureux condamné n'est pas indigne d'intérêt, que M. de Marcellus a fait son possible pour obtenir un adoucissement, et qu'il a été consterné lorsqu'il a appris, par un bruit qui n'est peut-être pas exact, que Sa Majesté s'y était refusée. Assez de sang n'a-t-il pas été versé? et si celui qui a été répandu n'a pas produit l'effet qu'on espérait, ne serait-il pas raisonnable autant que juste d'essayer d'autres moyens ? Je n'ai besoin de rien ajouter. Je connais trop votre âme. Mais songez que votre bonté peut être inutile, si elle n'est pas employée à temps.

« J'ignore, au milieu des factions, des soupçons et des calomnies, ce qui attend chacun de nous ; mais je vous implore pour un malheureux : l'avoir sauvé me sera un sentiment doux, et vous le devoir me sera bien doux aussi.

« Mille tendres et respectueux hommages.

« Ce 7 mars 1822.

« Madame B. Constant regrette bien de ne pas avoir été chez elle quand vous avez bien voulu y passer. Elle aussi espère en votre influence protectrice, et m'encourage dans mon espoir. »

LETTRE LXII

« Je ne me pardonnerais pas, madame, de vous importuner sans cesse; mais ce n'est pas ma faute s'il y a sans cesse des condamnations à mort. Cette lettre vous sera remise par le frère du malheureux Roger, condamné avec Caron : c'est l'histoire la plus odieuse et la plus connue. Le nom seul mettra M. de Chateaubriand au fait. Il est assez heureux pour être à la fois le premier talent du ministère et le seul ministre sous lequel le sang n'ait pas coulé. Je n'ajoute rien. Je m'en remets à votre cœur. Il est bien triste de n'avoir presque à vous écrire que pour des affaires douloureuses. Mais vous me pardonnez, je le sais, et je suis sûr que vous ajouterez un malheureux de plus à la nombreuse liste de ceux que vous avez sauvés.

« Mille tendres respects. »

LETTRE LXIII

« J'ose vous adresser, madame, le frère de l'infortuné jeune homme [1] dont je vous ai parlé, et pour lequel vous m'avez témoigné un intérêt dont j'étais bien sûr. Il a entre les mains des lettres qui prouvent qu'au moins l'affaire dont son frère est menacé d'être victime mérite d'être examinée. Je ne puis croire que M. de La Rochefoucauld, M. de Montmorency, M. de Chateaubriand, tous vos amis, n'y soient pas sensibles. Je m'en remets pour ce malheureux jeune homme à vous et à votre cœur. Daignez écouter son frère un instant.

« Mille tendres hommages. »

---

1. Le capitaine Roger.

LETTRE LXIV

« Il n'est pas nécessaire, madame, de vous rappeler une bonne action quand vous avez commencé à la faire; mais le frère de M. Roger, qui espère vous voir, désire que je vous répète encore que c'est en vous seule qu'il espère. L'ordre de faire partir son frère pour son affreuse destination [1] subsistait encore jeudi, malgré la lettre de M. de Chateaubriand. Il ne reste donc que bien peu de temps pour l'arracher à ce dernier malheur. Dans le temps où nous vivons, il faut faire le plus de bien possible, car qui peut prévoir l'avenir?

« Je me suis présenté chez vous hier. Vous étiez à

---

1. Roger ayant été condamné à mort, madame Récamier obtint d'abord une commutation de peine, puis sa grâce entière. (*Note de madame L. C.*)

la campagne. J'y vais aujourd'hui. Tâchez de sauver ce malheureux jeune homme, et agréez mille hommages. »

LETTRE LXV

« Je me proposais bien, madame, ainsi que madame Benjamin Constant, d'aller vous voir le plus tôt possible, et vous remercier de votre bonne et amicale visite. La difficulté de sortir pendant cette gelée et d'arriver en voiture à la rue de Sèvres m'en a empêché. Aujourd'hui il dégèle, mais c'est le jour de l'an, et ce jour-là toutes les puissances de la terre ferment leur porte. Vous êtes une de ces puissances, je voudrais que vous fussiez la seule, le monde et moi nous en trouverions mieux. J'ajourne donc mon voyage au delà des ponts, à un moment où vous serez moins entourée. J'irai alors vous exprimer toute ma joie de ce que vous ne m'avez pas oublié, et vous demander vos bons offices auprès de M. de Chateaubriand, si on veut m'ôter ma liberté. Vous devez trouver mauvais que la police aille sur vos brisées. Ce n'est pas à elle à vous remplacer.

« Agréez, madame, un bien tendre hommage. Il y a longtemps que vous avez voulu qu'il changeât de forme. Le fond sera toujours de la reconnaissance et du dévouement. »

LETTRE LXVI

« Pardon, madame, si je vous importune encore. Heureusement que tout se décidera demain, et que vous n'en entendrez plus parler. J'apprends que ce sont les congrégations, présidées par M. de Lavau lui-même, qui tiennent à ce que je sois condamné. Il y a eu chez lui une réunion où il a fortement recommandé à de jeunes conseillers qui n'avaient pas coopéré au jugement d'être à l'audience pour prendre leur revanche. Je sais de vous, madame, que M. de Chateaubriand n'approuve pas la marche et l'influence de ces congrégations. Si vous aviez donc le temps de lui faire savoir qu'il est probable qu'elles rendront ses bonnes intentions infructueuses, cela me servirait beaucoup; mais il n'y a plus qu'aujourd'hui, puisque la chose se juge demain à dix heures.

« J'ajouterai qu'il sera bien plus scandaleux de me

condamner pour une cause où j'ai été indignement insulté dans la personne de ma femme [1]. Je montrerai bien l'indignité dans ma plaidoirie, et il me semble qu'une telle condamnation serait une tache pour un ministère qui doit avoir quelque chose de chevaleresque.

« Adieu, madame, faites pour moi ce que vous pourrez, et agréez mes tendres et respectueux hommages. »

---

[1]. Je trouve, dans une des lettres de Béranger [*], le passage suivant :

« Le procès de 1823 fut l'occasion d'une espèce d'émeute qui eut lieu au Mans lors d'un voyage de Benjamin Constant et de sa femme dans cette ville. Les avocats généraux se montrèrent fort irrévérencieux envers madame Constant. Vous trouveriez ce détail dans la biographie. Vous trouveriez aussi celui de l'affaire Caron et Roger, braves militaires, qui conspirèrent dans l'Est, et donnèrent lieu à une provocation policière faite avec tout un escadron, où figurait un des frères de Thiers, que Thiers n'avait jamais vu, je crois Caron et Roger furent condamnés à mort ; la peine de ce dernier a été commuée en celle du bagne, d'où il est sorti en 1830, si je ne me trompe. Il ne faut pas confondre le colonel Caron avec un colonel du même nom, condamné à mort dans le Midi, et qui évita le sort de l'autre Caron. »

(*Note de madame L. C.*)

[*] V. *Quarante-cinq Lettres de Béranger, et détails sur sa vie*, publiés par madame Louise Colet. 1 vol. in-18. M. Lévy, 1857.

LETTRE LXVII

« Vous savez déjà, madame, le résultat de la séance. J'ai le bonheur de rapporter à vous tout ce qu'il y a de bon, et j'aime à mettre à vos pieds l'hommage de ma reconnaissance. Vous m'avez forcé à me réduire à ce sentiment; aussi y plaçai-je tout ce que vous n'avez pas voulu tolérer dans un autre; c'est bien la reconnaissance la plus vive qui ait jamais été, et pour peu qu'elle osât, elle s'appellerait autrement. Je ne bats pourtant encore que d'une aile; j'ai encore une affaire et une prison dont il faut que vous me tiriez; mais j'y compte tellement, que je n'ai plus aucune inquiétude.

« J'irai vous remercier demain, si vous le permettez.

« Mille tendres et fidèles hommages.

« J'ai su que M. de Chateaubriand avait été parfait. Le talent est toujours une vertu. »

LETTRE LXVIII

(DE MADAME BENJAMIN CONSTANT)

« Vendredi soir.

« Je regrette beaucoup, madame, de ne pouvoir accompagner M. Constant chez vous ce soir, à cause de la maladresse que j'ai eue de me blesser le pied, et pourtant j'éprouve le besoin de vous exprimer combien je suis sensible à tout l'intérêt que vous m'avez témoigné. J'y comptais de votre part, et il me touche comme si je n'y avais pas compté. Ce fantôme qui depuis quatre mois me poursuit s'est presque évanoui, et c'est encore en vous que j'espère pour en dissiper le reste. Je veux d'avance vous remercier des efforts que vous ferez pour cela. Je n'ai garde de vous demander pardon de l'ennui que je vous cause. Ces phrases banales n'ont point été inventées pour vous que j'ai vue s'intéresser avec tant de chaleur, même à des inconnus. Que ne devez-vous pas tenter pour vos amis? Laissez-moi donc vous remercier pour mon mari du plus profond de mon cœur, et réclamer pour moi un peu de cette amitié dont il reçoit de vous tant de preuves.

« CHARLOTTE DE CONSTANT.

« *P. S.* —J'ai conservé pendant quinze ans le souvenir d'avoir rencontré une fois M. de Chateaubriand; il vient de me laisser des souvenirs pour toute ma vie. »

LETTRE LXIX

« Je vous aurais écrit hier, madame, pour vous exprimer toute ma reconnaissance, si je n'avais été abîmé de fatigue. Croyez qu'il m'est bien doux d'ajouter le souvenir de ce que je vous dois (et par vous à vos amis), à des souvenirs bien plus mêlés de douleur. J'irai vous remercier peut-être ce soir si vous y êtes, et je mets en attendant à vos pieds mes tendres et fidèles hommages. »

LETTRE LXX

« On m'a dit, samedi, madame, au moment où je voulais me présenter chez vous, pour essayer de vous voir, ou pour laisser un mot par lequel je vous exprimais de nouveau ma reconnaissance, que vous veniez de partir pour Angervilliers. J'ignore si vous êtes de retour. Il me tarde pourtant de vous voir, non-seulement pour vous remercier, mais pour vous dire que tout ce qui m'est revenu hier encore m'a appris combien vos amis avaient été bons pour moi. Si vous êtes demain soir à Paris, j'irai sûrement mettre à vos pieds mes hommages. Si votre séjour à Angervilliers se prolonge, je suppose que cette lettre vous y sera envoyée. Elle vous trouvera dans un lieu où me reporte souvent le souvenir des jours les plus douloureux, mais les plus aimés de ma vie. »

LETTRE LXXI

« J'espère que vous avez reçu, madame, le compte rendu de ce que vous avez bien voulu me charger de faire ou plutôt d'empêcher. Je suppose que l'éclat qu'a eu la fête d'hier [1] ne poussera personne à en parler aujourd'hui. Cependant tant de succès irrite l'envie.

« Permettez qu'en vous adressant ce petit mot, je vous l'envoie par un excellent jeune homme, M. Coste [2], qui publie un journal hebdomadaire, où il y a de très-bonnes choses, et qui, tout libéral qu'il

---

1. Cette fête avait lieu chez madame Du Cayla, pour l'inauguration du pavillon de Saint-Ouen, qui lui avait été donné par Louis XVIII. Le pavillon avait été bâti sur le lieu même où fut faite la célèbre *Déclaration* qui en a conservé le nom, et qui est devenue la *Charte*; il était orné du portrait du roi, peint par Gérard. (*Note de madame L. C.*)

2. M. Coste était alors rédacteur des *Tablettes universelles*.

est, a une grande admiration pour M. de Chateaubriand. C'est au point que je ne sais si son désir de vous voir tient plus à ce qu'il y a de naturel dans ce désir, qu'à l'envie de voir une personne liée avec celui qu'il regarde comme le premier de nos écrivains. Vous savez que, sous quelques rapports, je partage cette opinion. Cependant mon enthousiasme ne va pas jusqu'à chercher en vous autre chose que vous-même. Je vous recommande mon jeune homme. Traitez-le assez bien pour qu'il soit enchanté. Cela vous sera facile ; mais tâchez qu'il n'en devienne pas fou, et ici commence la difficulté. Vous savez que cela est arrivé à des gens qui avaient la réputation d'être raisonnables.—Mille tendres hommages. »

---

il fut ensuite fondateur du journal le *Temps*, et prit énergiquement l'initiative de la protestation des journaux contre les ordonnances de juillet.   (*Note de madame L. C.*)

LETTRE LXXII

« Je suis bien honteux, madame, de n'avoir pas été vous faire ma cour, ni à l'occasion du mariage de mademoiselle Amélie[1], ni lors des succès littéraires de M. de Montmorency[2]. J'espère que le premier contribuera à votre bonheur. Les seconds sont un triomphe d'autant plus flatteur que les obstacles étaient plus nombreux et la force en vous seule. Le temps, qui n'a et qui n'aura jamais sur vous aucune prise, en a par malheur tellement sur moi, que tout mouvement m'est difficile et toute distance presqu'insurmontable. Mais si l'âge et les circonstances me privent souvent du plaisir qui était jadis le seul de ma vie, mes sentiments ne s'associent pas moins à tout ce qui peut vous intéresser. »

---

1. Madame Lenormand.
2. M. de Montmorency venait d'être nommé à l'Académie française.   (*Note de madame L. C.*)

LETTRE LXXIII

« Vous pensez bien, madame, que je serais heureux de vous voir et d'écouter *Corinne*[1]; mais je suis forcé d'être prêt sur la loi Vandal, pour mardi prochain, et la séance d'aujourd'hui réduit à deux matinées le temps que je puis consacrer à ce travail. Il m'est donc impossible de m'accorder le plaisir que vous m'offrez pour dimanche; mais si je savais quand on vous trouve le soir, je serais bien empressé de me dédommager de ce que je perds. Il me semble qu'en vous revoyant je reverrais un ciel plus jeune que celui qui pèse sur moi, et je jouis d'avance des sentiments que vous me rendez la faculté d'éprouver.

« Mille tendres hommages. »

---

1. Un drame sur *Corinne*, qui fut lu dans le salon de madame Récamier. (*Note de madame L. C.*)

LETTRE LXXIV

« Assez gravement malade depuis deux mois, madame, je me suis trouvé, à mon grand regret, hors d'état d'aller vous présenter mes hommages. Il fallait bien que la destinée dominât la joie que j'ai eu des événements qui nous ont délivrés[1]. Je trouve aujourd'hui une occasion de me rappeler à votre souvenir, et j'en profite avec empressement.

« M. Martin Deslandes, qui aura l'honneur de vous remettre cette petite lettre, est un littérateur distingué, moins favorisé par la fortune que par le talent. Il aspirerait à une bibliothèque, qui le mettrait dans une situation plus heureuse et lui donnerait les moyens de continuer ses travaux. On assure que M. Lenormand aura sur le choix de cette espèce une

---

1. La Révolution de juillet.

grande influence. Je réclame votre intervention bienveillante. Confiné par une triste santé dans une triste retraite, je n'ai plus que le plaisir de rendre service, et je tâche d'en jouir le plus que je peux. Cependant, en vous écrivant, ma vie s'embellit de souvenirs plus doux, et je vous dois de répandre sur mes derniers jours une teinte moins terne.

« Agréez mille tendres hommages.

« Paris, ce 13 octobre 1830. »

ÉPILOGUE

ÉPILOGUE

ÉCRIT PAR MADAME LOUISE COLET EN 1863

> Mon cercueil sera plus éloquent que ma voix ;
> mon souvenir que ma présence.
> (*Benjamin Constant à madame Récamier.*
> LETTRE XLVIII.)

Il nous paraît superflu de commenter les lettres qu'on vient de lire ; il suffit à leur succès qu'elles aient ému les lecteurs et surtout les lectrices. L'improvisation du style épistolaire supprime tout artifice de langage, même chez l'écrivain le plus consommé. Si donc, sous cette forme négligée, sa passion nous remue, c'est qu'elle fut vraie. Nous sentons aux battements de nos cœurs que le sien a battu.

Les femmes ne se trompent pas sur les hommes qui les ont sincèrement aimées. A trente ans de distance, madame Récamier parlait encore avec attendrissement de Benjamin Constant, et elle défendait avec d'autant plus de chaleur cette âme méconnue qu'involontairement elle avait été le tourment de la sensibilité qu'on déniait à l'auteur d'*Adolphe*.

La correspondance de Benjamin Constant avec madame Récamier embrasse une période de quinze ans non interrompue d'adoration, de tendresse et de dévouement; pour inspirer un pareil culte il fallut tous les enchantements que répandait autour d'elle cette femme incomparable ; peut-être fallut-il aussi sa résistance qui irrita et soutint la passion dans un cœur pour d'autres si mobile ; Benjamin Constant n'a-t-il pas dit un peu cavalièrement lui-même :

« Ce n'est qu'à l'époque de ce qu'on a nommé leur défaite que les femmes commencent à avoir un but précis, celui de conserver l'amant pour lequel elles ont fait ce qui doit leur sembler un grand sacrifice : les hommes, au contraire, à cette même époque, cessent d'avoir un but : ce qui en était un pour eux leur devient un lien ; il n'est pas étonnant que deux individus placés dans des relations aussi inégales arrivent rapidement à ne plus s'entendre. »

Mais aux prises avec une image adorée, ardemment poursuivie et qui se dérobe, l'attrait dure toujours. La torpeur de l'habitude et de la satiété n'alourdit pas l'amour ; il plane, il monte, il se purifie dans son essor vers la flamme inaccessible, et même en s'apaisant il ne devient pas cendre ; il laisse, dans l'âme où il a brûlé, une traînée lumineuse ; c'est ainsi que Benjamin Constant écrivait aux approches de la mort à celle qu'il avait tant aimée :

ÉPILOGUE.

« Je vous dois de répandre sur mes derniers jours
« une teinte moins terne. »

— « Il arrive quelquefois, a dit M. de Chauteau-
« briand, que dans une âme forte un amour dure
« assez pour se transformer en amitié passionnée,
« pour devenir un devoir, pour prendre les qualités
« de la vertu; alors il perd ses défaillances et vit de
« ses principes immortels [1]. »

Cette perpétuité des sentiments qu'elle avait inspirés, madame Récamier la rêvait non-seulement dans la région inconnue où s'envolent les âmes, mais elle la désirait aussi dans la postérité terrestre. On peut dire qu'elle s'aimait et se glorifiait dans ses amis célèbres; qu'elle ambitionnait de les suivre et d'en rester adorée dans la seconde vie que nous donne la gloire. Apparaître dans cette transfiguration telle qu'on la vit et qu'on l'aima durant sa longue jeunesse fut sa préoccupation constante. Elle y mettait une sorte d'anxiété féminine et presque puérile, qui ne nous déplaît pas. Vouloir éterniser l'attrait fugitif que nous inspirons pendant notre existence éphémère et, pour y parvenir, s'embellir, s'épurer, s'améliorer et s'ennoblir sans cesse est une tentative qui a sa grandeur. Ce n'est pas assurément l'immolation chrétienne, l'oubli de l'être périssable, l'humilité de

---

1. *Vie de Rancé.*

notre néant. C'est l'exercice des facultés humaines, l'aspiration de leur durée, défiant la mort. Qui pourrait nier ce côté païen de madame Récamier?

Non, elle n'était pas la femme dévote et presque mystique qu'on s'est évertué à nous représenter ; elle apportait dans l'amitié et dans la charité même une sorte de recherche mondaine; sa voix avait des inflexions caressantes qui pénétraient comme un chant appris et réussi. Elle trouvait pour chacun les paroles qui savaient le mieux attirer et plaire. On pourrait dire qu'elle mettait un art infini dans la bonté, quoiqu'elle fût naturellement bonne; elle revêtait de grâce et de charme jusqu'aux choses où la bienveillance aurait suffi : l'aumône qu'elle faisait à un pauvre, la sympathie qu'elle exprimait à une femme, les ordres qu'elle donnait à un domestique. C'était là sa coquetterie universelle, dont on a tant parlé; coquetterie angélique qu'on ne saurait trop louer.

La pruderie néochrétienne, préconisée par la littérature de la Restauration, la faisait involontairement sourire. Je me souviens qu'un jour je lui lisais à haute voix le roman de *Raphaël*, de M. de Lamartine, nouvellement publié; arrivée à la scène de la déclaration dans le parc de Saint-Cloud, au moment où la passion du héros éclate et que, pris d'un fougueux élan de sylvain, il embrasse un arbre au lieu d'embrasser celle qu'il aime, madame Récamier s'écria gaiement : « Il aurait bien pu lui baiser au moins la main, en pareil moment ! »

Elle aimait à rappeler le souvenir de sa beauté et la sensation ravissante qu'elle avait si longtemps produite en paraissant dans un salon ou en traversant la foule : « Le jour où les petits Savoyards ne se sont plus retournés dans la rue en me voyant passer, j'ai compris que tout était fini, » me disait-elle. Ne croirait-on pas entendre une belle Grecque du temps de Périclès, heureuse de voir sa beauté proclamée par les regards étonnés des enfants du peuple jouant sur une place d'Athènes ? « Il est bien difficile, me disait-elle encore, de vieillir avec harmonie, c'est-à-dire de se vêtir de manière à ce que le costume ne forme pas une dissonance avec les restes flétris du déclin ; le costume moderne, ajoutait-t-elle, est disgracieux par sa recherche d'ornements inutiles, qui attirent les yeux, et par la coupe qui force une taille affaissée à se dessiner tout comme une taille juvénile ; le simple péplum antique avec ses plis nombreux était bien autrement seyant. La coiffure est tout un problème à résoudre pour la femme qui vieillit. Je ne me pardonne pas, poursuivait-elle, avec un sourire attristé, d'avoir, dans un jour d'éclipse de goût, adopté la perruque qui nécessite toujours le grotesque bonnet bourgeois surchargé de dentelles et de rubans. Il faut vieillir tête nue et oser montrer ses cheveux blancs,

parure plus harmonieuse que tous les clinquants. »
Elle se souvenait du temps où il lui suffisait d'un petit
fichu diaphane jeté sur ses beaux cheveux, pour répandre un éblouissement autour d'elle. Elle ne voulut
jamais dire son âge précis : « A quoi sert, répétait-elle
à ce propos, que les hommes puissent mettre une date
à notre beauté? Tant que nous leur plaisons, nous
sommes jeunes, j'ajouterai, à âge égal, plus jeunes
qu'eux, car une honnête femme n'a pas eu dans sa vie
les passions qui ravagent l'homme avant l'heure. »
Elle n'était satisfaite d'aucun des portraits qu'on
avait faits d'elle, pas même de la belle étude de
David que nous publions. Elle les trouvait tous maniérés ou empreints d'une roideur démentie par le
naturel et la souplesse de toute sa personne. Pas
un peintre n'avait su rendre avec naïveté cet air
étonné et irrésistible de pensionnaire, dont parle
Benjamin Constant, et qu'elle avait encore à quarante
ans. La statuaire avait été aussi impuissante que la
peinture à reproduire son ineffable beauté. Le buste
où Canova l'a représentée en Béatrix lui paraissait une
figure presque imaginaire, « et pourtant, disait-elle,
ce sont mes traits; il faudrait seulement y mettre je ne
sais quoi qui composait autrefois ma physionomie. »
Elle me demanda un jour de la conduire chez Pradier
pour qu'il tentât de faire un grand médaillon d'après
le buste de Canova et les indications de sourire et de

regard qu'elle lui donna elle-même. C'était un travail de divination impossible. Notre grand sculpteur exécuta une œuvre d'art fort belle, mais qui ne rappela madame Récamier, ni à elle-même, ni à aucun des amis qui l'avaient connue dans ses jours d'adorable prestige. Devéria fit d'elle, après sa mort, un portrait où elle apparaît encore séduisante même dans son suaire. La vie et la douleur, en s'échappant de l'enveloppe brisée, laissèrent le calme et la grâce revenir sur ses traits flétris ; le tissu de la peau se dilata et se polit comme par miracle ; le visage immobile rayonna un moment, tel qu'aux plus beaux jours, sous les yeux du peintre ; il saisit cet éclair de rajeunissement suprême et rendit dans toute sa pureté la douce image endormie. Elle méritait cette suave apothéose, celle qui avait si bien senti l'art antique durant ses voyages en Italie. Elle se trouvait à Naples au moment des fouilles que le roi Murat fit faire à Pompéi ; elle assista, à côté de la reine Caroline, à l'éblouissante découverte de la grande fresque d'Adonis blessé, peinture surhumaine, reflet de l'Olympe, réalisation des dieux d'Homère, qui met à néant tous nos faiseurs de pastiches grecs, sans en excepter M. Ingres, malgré les efforts de son génie. Elle me disait : « Ce qu'il y a d'âme dans la beauté, ce qui produit le saisissement qu'elle cause également à tous, à l'ignorant aussi bien qu'à l'artiste et qu'à l'écrivain, n'a été compris et rendu que par les anciens. »

Telle elle m'apparut et telle, pour être vraie, j'ai dû la peindre, dans le souci mondain de sa personnalité charmante. Trois écrivains, les plus éclatants de son temps : Chateaubriand, madame de Staël et Benjamin Constant, l'ont profondément aimée et se sont inspirés d'elle. Qu'elle ait voulu sa place dans leur gloire, comme elle l'avait eue dans leur vie, ceci ressort de sa nature même et s'atteste surabondamment par les faits que je viens d'indiquer. Elle s'ingéniait, pour ainsi dire, à plaire et à séduire encore dans la mort ; à se recomposer une figure éternelle, poétisée mais non surfaite, car en elle le fond valait les dehors. Cette aspiration révélait sa distinction native : on peut dire qu'elle se perfectionnait en vue de cette apothéose humaine comme les croyants se purifient en vue du ciel ; elle se faisait scrupule d'altérer par un acte, de si peu d'importance qu'il fût, l'attrayante figure qu'elle voulait laisser après elle.

Son désir incessant d'assurer cette séduction d'outre-tombe n'est pas contestable ; elle ne chercha jamais à s'en défendre. Toute hypocrisie d'humilité la trouvait ironique, aussi bien que toute fausse pudeur : harmonieuse en tout, elle n'admettait pas la grimace. Ceux de ses amis qui n'ont pas entrepris de la sanctifier, en la dépouillant de tout ce qui fut son charme, se souviennent avec quel plaisir elle leur communiquait le volume manuscrit des Mémoires de Chateaubriand qui lui est exclusivement consacré; elle en avait fait faire plusieurs copies, comme on fait d'un portrait peint par un grand maître pour lequel on a posé longtemps et dont on est satisfait. Chateaubriand la voyait chaque jour, et il ajoutait sans cesse quelque touche nouvelle à la figure aimée qu'il voulait glorifier après lui. Pourquoi ne pas avouer qu'elle était heureuse de se sentir ainsi caressée par cette plume immortelle et pour ainsi dire *embaumée* dans son œuvre? Elle me fit lire ce volume (alors inédit), poétique monument élevé à son ombre; puis elle me le confia et me le laissa longtemps, quand elle me chargea de la publication des lettres de Benjamin Constant et du travail d'introduction qui les précède. Elle rendit plus intime et plus précieuse cette confidence, déjà faite à d'autres, en me communiquant aussi les lettres que Chateaubriand et madame de Staël lui avaient adressées. C'est par eux et par Benjamin Constant, me disait-elle, qu'elle voulait être présentée au public, et c'est dans ce qu'ils avaient écrit sur elle et pour elle que je devais l'étudier et la voir telle qu'elle avait été. Mais en se préoccupant sans trêve, en ce sens, d'elle-même, elle se préoccupait aussi de ces glorieuses mémoires par lesquelles elle devait revivre. « Il m'importe, me disait-elle encore, que ces lettres de Chateaubriand, de madame de Staël et surtout de Benjamin Constant, le plus méconnu et le plus calomnié des trois, soient publiées après moi par quelqu'un qui partage leurs doctrines libérales, et partant aime leurs personnes et ne diminue point leurs renommées pour flatter des opinions contraires. »

J'ai raconté ailleurs [1], avec des détails inutiles à répéter ici, dans quelles prévisions madame Récamier songea à moi pour publier ces trois correspondances. Comme réputation littéraire, j'étais à coup sûr la plus obscure des personnes qui l'entouraient; mais elle jugea que mon caractère compenserait l'insuffisance du talent, et que je n'enfreindrais pas sa volonté dernière en présentant au public, commentés à contre-sens et sciemment altérés, les épanchements intimes de ces trois grandes intelligences. « Je vous aime, me répétait-elle souvent, pour votre sincérité, vos enthousiasmes hardis et vos indignations généreuses. » Elle pensa donc, et ce fut son projet persistant, jusqu'à sa mort (presque instantanée [2]), à me charger de la publication des lettres de Chateaubriand, de madame de Staël et de Benjamin Constant. Elle voulut s'occuper d'abord de ce dernier, le plus maltraité par les ultras de la Restaura-

---

1. Voir tome II, pages 315 et suivantes de *l'Italie des Italiens*.
2. Elle mourut du choléra.

tion, le moins compris et le moins aimé d'une partie de son entourage. Je fis sous ses yeux, j'écrivis pour ainsi dire sous sa dictée l'introduction et les notes jointes à ces lettres; la mort seule empêcha le travail analogue que je devais faire avec elle sur les lettres de madame de Staël et celles de Chateaubriand [1].

Un jour d'hiver, au commencement de 1844, elle me parla pour la première fois du triple dépôt qu'elle me destinait. Une visite survint et interrompit sa confidence; je fus moi-même empêchée d'aller la renouer aussi vite que je le désirais. Je retrouve une lettre de Ballanche où il fait allusion à l'idée qu'eut dès lors madame Récamier de me remettre ces lettres.

« Madame,

« Si madame Récamier n'était pas souffrante en ce moment, elle aurait l'honneur d'aller vous voir. Elle désirerait vous parler d'une chose qui l'intéresse beaucoup, et qui, elle le croit, vous intéresse beaucoup aussi.

« Madame Récamier est toujours heureuse de vos visites; elle serait heureuse en particulier d'une circonstance qui lui permettrait, madame, d'en espérer une plus prochaine.

---

1. Elles ont été mutilées et publiées par une autre.

« Permettez-moi, madame, de joindre ma prière à celle de madame Récamier.

« Daignez agréer, madame, l'expression de mon admiration et de mes sentiments les plus respectueusement distingués. BALLANCHE.

« 25 janvier 1844. »

Elle savait par Ballanche, qui avait connu mon père et ma mère, au milieu de quels conflits politiques et religieux s'était passée mon enfance : disputes de famille, querelles de clocher, antagonismes et violences des partis dans les petites villes du midi de la France, où la fureur des opinions ennemies dégénéra souvent, sous la Restauration, en luttes sanglantes. Cette atmosphère de compression, ce contact d'erreurs, de fanatisme et de turbulence, excitaient ma résistance, développaient ma raison et passionnaient mon esprit pour la justice et pour la liberté.

Mon père était mort; ma mère, tant qu'elle vécut, maintint la paix dans la nombreuse famille qui s'abritait autour d'elle. Son inaltérable et active bonté, son ferme esprit philosophique imposaient aux plus récalcitrants. Mais quand sa douce autorité nous manqua, la division éclata : politique, religion, littérature, tout devint motif de guerre entre nous. Un vieux parent, peintre médiocre et détestable poëte, prétendait nous régenter tous. Il réunissait en lui l'intolérance d'un dévot, la morgue d'un ultra reçu à la cour de Charles X, et la sottise d'un lettré de province. Il faisait des odes sur les exploits du duc d'Angoulême en Espagne, des épithalames sur le mariage du duc de Berry, et, dans des couplets, prétendus satiriques, chansonnait tour à tour l'*ogre de Corse* (Napoléon insulté à Orgon et pendu en effigie par les royalistes provençaux), les patriotes italiens enfermés au Spielberg ou fusillés par le pape; les romantiques, ces révolutionnaires de la saine poésie, et surtout les libéraux français, qui, disait-il, *sapaient le trône et l'autel* par leurs discours dans les deux Chambres; Chateaubriand n'était qu'un renégat; La Fayette, un jongleur de tréteaux; Laffitte, un spéculateur qui ruinait la royauté et les émigrés martyrs pour soudoyer toutes les insurrections du globe. Plus qu'aucun autre des libéraux célèbres, Benjamin Constant défrayait le phébus intarissable de ce vieux troubadour. Je ne sais quel grief secret l'animait contre l'illustre publiciste, mais il en faisait le *Satan* de la bande; il l'affubla un jour d'une queue de Belzébuth dans une caricature qu'il crayonna pour réjouir le faubourg Saint-Germain. L'insurrection de la Grèce venait d'éclater, tandis qu'il s'escrimait à cette platitude : vite une chanson, se dit-il, contre ces vauriens de Missolonghi ! Le catholique devenait mahométan. C'est pour le sultan qu'il faisait des vœux. Il lui offrait en aide ses foudres d'artiste et de poëte ; il écrivit vingt couplets de l'atticisme de celui-ci :

> Le schismatique archimandrite
> Est à la solde de Laffitte,
> Qui lui fournit son capital ;
> Et l'appui de la cause grecque
> Est le sieur Constant de Rebecque,
> Faux libéral !

A toute heure, à la fin des repas, à la promenade, à la veillée, il nous répétait ses vers ; force m'était de les retenir par lambeaux. Il s'irritait du sourire instinctivement railleur dont j'accueillais ses prétentions à la gloire. Il me tançait sur ma corruption de goût, sur mon enthousiasme pour les vers de la nouvelle école. Lamartine ne valait pas Delille ; Hugo méritait d'être enfermé à Bicêtre. Il en appelait au curé du village voisin, parasite assidu du château maternel ; l'abbé le secondait et gourmandait mon orgueil. Quelques années plus tard, ces disputes burlesques devinrent presque tragiques. Un jour, à table, à propos des *Paroles d'un croyant* de M. de Lamennais, que j'avais lues avec admiration et dont j'osais louer les beautés bibliques, un verre me fut lancé en guise d'anathème ; ses éclats jaillirent sur ma face de réprouvée ; le curé me déclara impie et vouée à la perdition éternelle : ce fut l'*alea jacta est* de ma vocation.

Je n'aurais pas rappelé ces faits intimes de ma jeunesse troublée, s'ils n'avaient suscité, comme on va le voir, la donation que me fit madame Récamier.

Dans l'été de cette même année 1844 où elle m'avait parlé pour la première fois des lettres de ses trois amis illustres, l'appartement qu'elle occupait à l'Abbaye-aux-Bois étant en réparation, madame Récamier alla demeurer quelques jours *au couvent des Augustines*, rue de la Santé. Un soir où j'avais dîné chez elle, nous nous promenions dans le jardin claustral; les pensionnaires jouaient autour de nous; quelques religieuses, le voile baissé, étaient en prière au milieu d'une allée, devant un groupe sculpté de la *Pietà*, dont le Christ, percé de flèches d'or, semblait s'être roidi dans des convulsions atroces. Quelle antithèse avec le calme céleste du groupe de Michel-Ange! Dans la partie la plus sombre d'une allée, bornée par une haute muraille de clôture, nous nous heurtâmes à une personne qui courait en jetant dans l'air un rire glapissant. C'était la femme d'un académicien célèbre, frappée depuis quelques mois d'une démence incurable, et enfermée au couvent des Augustines.

La nuit tombait; ces recluses immobiles en face d'un Dieu mort, cette pauvre folle éperdue et ces arbres bruissant sur nos têtes comme des gémissements d'âmes, changèrent tout à coup pour moi l'enclos sans horizon en une geôle de désespoir. Les élèves, qui seules l'avaient un moment égayé s'étaient enfuies à l'appel d'une cloche.

« C'est la prière du soir, me dit madame Récamier ; le chant de l'orgue m'attendrit toujours; allons l'entendre, voulez-vous ? »

Je la suivis. La petite chapelle, moderne, enjolivée comme une salle de bal, était éclairée de vives lueurs qui faisaient rayonner grotesquement les saints et les saintes en bois doré ; des fleurs de clinquant et des cœurs saignants décoraient l'autel ; des tableaux au coloris discordant tranchaient sur les parois badigeonnées. L'orgue jouait je ne sais quelle mélodie d'opéra transformée en chant d'église par le maître de piano du couvent. Madame Récamier, prosternée, priait recueillie. — Quand nous sortîmes, le ciel était resplendissant d'étoiles. Nous continuâmes notre promenade dans le jardin.

« La petite chapelle était bien jolie et bien embaumée, me dit madame Récamier, j'y ai prié en pensant à l'âme de ma mère. Et vous? ajouta-t-elle en me regardant.

«—Moi, lui répondis-je, j'y étouffais et j'y sentais moins Dieu qu'à travers ce firmament étoilé. Les peintures et les sculptures des églises modernes nous représentent Dieu et ses saints sous des formes tellement dénuées de beauté, qu'il devient impossible à un artiste de s'agenouiller devant ces images vulgaires.

«—J'éprouve aussi cette sensation, me dit-elle; mais le sentiment religieux persiste et l'emporte : je ne regarde pas autour de moi, mais en moi, et je prie.

«—En pleine nature, repartis-je, la prière monte à Dieu sans aucune sensation qui l'altère ; par les belles aurores et par les nuits radieuses, le ciel nous paraît un tabernacle digne d'un Dieu bon et grand ; c'est ainsi que je priais dans mon enfance. J'allais, soir et matin, sur les montagnes et je m'agenouillais; sitôt que j'entrais dans l'église du village, ma foi se glaçait, les décorations d'un goût exécrable blessaient mes instincts d'artiste, le prêtre qui officiait ne pouvait m'inspirer le respect, je l'avais vu la veille s'asseoir à notre table, mangeant gloutonnement; flatteur obséquieux, faisant écho à toutes les sottises des convives, et proclamant hors de l'Église les intelligences généreuses qui dès lors me passionnaient. Ma conscience refusait de se soumettre à cette foi bornée ; le paradis que nous prêchait ce prétendu ministre de Dieu ne m'attirait pas : tous les grands esprits de l'humanité en étaient exclus ; ses paroles sur la charité et sur la mansuétude m'étaient suspectes, car je l'avais entendu, dans des discussions journalières, approuver les haines et les injustices des partis. »

Ici j'entrai dans le détail des scènes de famille dont j'ai parlé. Quand j'en arrivai à Benjamin Constant, si platement insulté par un faux esprit de province :

« Ah ! je comprends votre révolte, s'écria madame Récamier en me serrant la main ; l'ironie et l'outrage jetés au talent m'ont toujours indignée ; j'adore la tolérance, et je cesserais d'adorer Dieu, s'il fallait admettre l'enfer [1].

« Le dénigrement, la persécution, les vengeances, l'ostracisme sont, en politique, l'enfer d'ici-bas, repartis-je ; ceux qui le décrètent s'appuient pour le justifier sur l'enfer éternel attribué à Dieu. Ils ne permettent pas l'examen ; car l'examen dans toute âme droite enfante la justice. Ces noms glorieux que chaque jour j'entendais vilipender dans mon enfance, je les notais soigneusement, et, plus tard, je voulus connaître et juger par moi-même ces hommes dangereux et maudits. Je m'enquérais de leurs actes et de leurs écrits ; je m'adressais aux libraires des villes circonvoisines pour avoir des livres et des journaux ; ce furent là les mystères de ma jeunesse, les amours exaltées qui agitèrent mon cœur. Comme Dieu, dégagé de la doctrine des prêtres, se révélait à moi dans les

---

1. Une lettre que m'écrivait madame Dupin, en 1842, prouverait, à ceux qui en douteraient, que ces paroles ont été prononcées : « J'ai lu hier, me disait-elle, votre poëme des
« *Deux Ames* à madame Récamier ; elle en a été ravie, mais
« elle veut que je vous fasse une petite critique sur les *abîmes*
« *de feu* où vous précipitez une de vos deux âmes. Douce et
« tendre, madame Récamier n'admet pas ces rigueurs éter-
« nelles. »

beautés de la création! L'humanité m'apparut agrandie et meilleure, vue à travers ces génies libérateurs. Les entraves de l'intolérance aiguillonnaient mon ardente investigation ; à de fallacieux arrêts, j'opposais le contrôle d'une âme sincère. »

C'est ainsi que cette stupide chanson contre Benjamin Constant me fit lire tous ses ouvrages. Je trouvai dans ses brochures politiques un défenseur éloquent de la liberté, un croyant immuable au progrès certain de l'humanité[1]; dans son *Histoire des religions*, un esprit philosophique, universel, conciliant, civilisateur, en-

---

1. Nous ne résistons pas au plaisir de citer ici ces belles pages de Benjamin Constant sur la progression de l'état social et sur la perfectibilité humaine :
« Comparez l'esclave de la théocratie primitive, l'ilote de Sparte, le serf du moyen âge, au plébéien, même sous Louis XIV, et vous verrez la carrière immense que l'espèce humaine a franchie. . . . .
. . . .
« Ce que nous disons de l'avénement de la société politique ou civile, nous pourrions le dire avec non moins de raison des sciences ; mais tout développement serait superflu, parce que la vérité est trop évidente : et il faut remarquer que la progression n'a pas lieu uniquement en ce sens, que ceux qui s'occupent des sciences marchent d'une découverte à l'autre, et font avancer ainsi la science qui forme l'objet de leurs méditations; la progression s'exerce encore d'une autre manière, que nous nommerions volontiers horizontale, si nous ne répugnions aux expressions insolites. Non-seulement les hommes instruits sont plus instruits, mais une portion plus considérable de l'espèce humaine entre dans la classe des hommes instruits. Les connaissances, qui étaient jadis la propriété d'un petit nombre, deviennent celles d'un

nemi du fanatisme, et partant devant être calomnié par lui ; dans son roman d'*Adolphe*, une sensibilité vraie et sans déclamation ; la donnée du roman acceptée, il est peu d'hommes, il n'en est pas peut-être, qui eussent été meilleurs pour Éléonore. En regardant autour de nous, au fond d'une société exaltée

---

nombre beaucoup plus grand, et de la sorte les lumières gagnent tour à tour en intensité et en étendue.

« Il en est de même de la morale. Restreinte d'abord à la famille, elle se répand graduellement sur le peuple entier, et bientôt, généralisant ses lois encore davantage, elle applique ses règles à tout le genre humain. »

Et ailleurs, prenant la question de plus haut :

« Parmi les différents systèmes qui se sont suivis, combattus et modifiés, un seul me semble expliquer l'énigme de notre existence individuelle et sociale, un seul me paraît propre à donner un but à nos travaux, à motiver nos recherches, à nous soutenir dans nos incertitudes, à nous relever dans nos découragements. Ce système est celui de la perfectibilité de l'espèce humaine. Pour qui n'adopte pas cette opinion, l'ordre social, comme tout ce qui tient, je ne dirai pas seulement à l'homme, mais à l'univers, n'est qu'une de ces mille combinaisons fortuites, l'une de ces mille formes plus ou moins passagères qui doivent perpétuellement se détruire et se remplacer, sans qu'il en résulte jamais aucune amélioration durable. Le système de la perfectibilité nous garantit seul de la perspective infaillible d'une destruction complète qui ne laisse aucun souvenir de nos efforts, aucune trace de nos succès. Une calamité physique, une religion nouvelle, une invasion de barbares ou quelques siècles d'oppressions continues pourraient enlever à notre espèce tout ce qui l'élève, tout ce qui l'ennoblit, tout ce qui la rend à la fois et plus morale, et plus heureuse, et plus éclairée. Vainement on nous parle de lumière, de liberté, de philosophie. Sous nos pas peuvent s'ouvrir des abîmes, au milieu de nous peuvent fondre des sauvages, de notre sein même des imposteurs peuvent s'élever, et plus facilement encore nos gou-

dans la théorie des sentiments, mais fort peu dévouée dans leur pratique, nous trouverons beaucoup d'Éléonore brutalement abandonnées et qui envient, dans les déchirements de l'amour, les délicatesses du cœur d'Adolphe.

Madame Récamier, qui en marchant s'appuyait sur

---

vernements peuvent devenir tyranniques. S'il n'existe pas dans les idées une durée indépendante des hommes, il faut fermer nos livres, renoncer à nos spéculations, nous affranchir d'infructueux sacrifices, et tout au plus nous borner à ces arts utiles ou agréables qui rendront moins insipide une vie sans espérance, et qui décorent momentanément un présent sans avenir.

« Le perfectionnement progressif de notre espèce établit seul des communications assurées entre les générations. Elles s'enrichissent sans se connaître, et tant est profondément gravé dans l'homme l'instinct de cette opinion consolatrice, que chacune de ces générations fugitives attend et trouve sa récompense dans l'estime des générations lointaines qui doivent fouler un jour sa cendre insensible.

« Dans ce système, les connaissances humaines forment une masse éternelle, à laquelle chaque individu porte son tribut particulier, certain qu'aucune puissance ne retranchera la moindre partie de cet impérissable trésor. Ainsi, l'ami de la liberté et de la justice lègue aux siècles futurs la plus précieuse partie de lui-même; il la met à l'abri de l'ignorance qui la méconnaît et de l'oppression qui la menace; il la dépose dans un sanctuaire dont ne peuvent jamais approcher les passions dégradantes ou féroces. Celui qui, par la méditation, découvre un seul principe, celui dont la main trace une seule vérité, peut laisser les peuples et les tyrans disposer de sa vie; il n'aura pas existé vainement, et si le temps efface jusqu'au nom qui désignait sa passagère existence, sa pensée restera néanmoins empreinte sur l'ensemble indestructible à la formation duquel rien ne pourra faire qu'il n'ait pas contribué. »

(*Mélanges de littérature et de politique.*)

mon bras, m'avait écoutée avec émotion ; quand j'eus cessé de parler, elle s'écria :

« Oui, il avait toutes les délicatesses des cœurs tendres, il savait aimer, je vous l'atteste ! Je l'ai fait souffrir dans la vie ; je l'aime à mon tour dans la mort, et je veux le défendre. Tout ce que vous venez de me dire me donne la certitude que vous parlerez de lui avec vérité. Nous lirons ses lettres ensemble, puis je vous les donnerai pour que vous les annotiez et les fassiez précéder d'un jugement équitable sur mon pauvre ami si calomnié. »

Quelques jours après, madame Récamier, de retour à l'Abbaye-aux-Bois, me communiqua toutes les lettres autographes de Benjamin Constant. Nous en fîmes ensemble le triage, un matin, dans sa chambre ; elle les donna ensuite à copier, pour que je pusse y écrire en marge quelques notes historiques. Elle m'apporta elle-même cette copie chez moi, elle y joignit la lettre autographe la plus considérable [1] dont elle me faisait don pour la publier en *fac-simile ;* elle me remit aussi le volume manuscrit des Mémoires de Chateaubriand [2] et divers documents dont j'ai fait usage dans mon introduction. J'écrivis cette introduction dans

---

1. Je l'ai encore. C'est celle sur l'ouverture des Chambres. (V Lettre XLIII, page 109.)
2. J'en ai parlé plus haut.

mes heures de loisir. Avec sa bonté ordinaire, madame Récamier ne voulut pas me détourner d'autres ouvrages d'un produit immédiat. Mon travail terminé, nous le lûmes ensemble, toujours dans cette chambre tranquille où les étrangers ne pénétraient pas. Elle dormait là entourée de ses chères reliques, des portraits de famille et de ceux des êtres qui furent attachés à sa vie. Entre tous, le portrait du prince Auguste de Prusse, jeune, radieux (comme lorsqu'on a la puissance et qu'on espère l'amour), la regardait avec une ardeur qui la faisait sourire de son sourire adorable. » Le peintre, me disait-elle, a fixé dans ces yeux la flamme fugitive de l'amour. Ce vif regard qui s'arrête, obstinément épris, sur ma vieillesse me fait songer sans cesse à ce que je ne suis plus. Pourquoi le nier? le spectacle de notre propre destruction nous remplit d'angoisse ; ceux qui meurent jeunes n'ont pas à porter le deuil d'eux-mêmes. »

Mon introduction finie à son gré, et le classement des lettres achevé, madame Récamier fit faire deux copies de ce manuscrit, l'une pour elle et l'autre pour moi ; elle accompagna celle qu'elle me remit d'un premier acte de donation renfermant la clause que je ne publierais que vingt ans après sa mort cette correspondance de Benjamin Constant. Je lui fis observer gaiement que, par cette clause, c'étaient mes petits-enfants et non moi qu'elle chargeait de sauvegarder cette mémoire aimée. Sa réponse me laissa deviner à quelle influence elle avait un moment cédé en mettant dans l'acte cette condition aléatoire.

« C'est juste, me dit-elle, je veux et je dois suivre ma première idée ; la sympathie que vous inspire l'homme que je désire défendre après moi m'est garant que vous saurez choisir le moment opportun d'en parler au public ; je ferai récrire cette donation. »

Près d'un an s'écoula avant qu'elle me donnât le nouvel acte renfermant sa volonté et qui figure en tête de ce livre ; je me serais fait scrupule de le lui demander, quoiqu'elle m'en parlât sans cesse. L'affaiblissement de sa vue l'empêchait de l'écrire elle-même, et elle répugnait à le dicter à la même personne qui avait rédigé le premier. Désormais elle ne voulait mettre en tiers dans sa confidence qu'un esprit sincèrement libéral, qui ne combattît point sa détermination immuable. Madame Clémence Robert étant venue habiter l'Abbaye-aux-Bois, c'est à cette personne d'un si rare mérite que madame Récamier dicta l'acte définitif dont elle approuva l'écriture et qu'elle signa de sa main. Ce ne fut pas mon talent obscur et mon humble renommée, je le répète, qui la déterminèrent, mais sans doute ce qu'elle savait de la résolution de mes doctrines. Le pâle libéralisme de ses amis traitait de révolutionnaire Benjamin Constant; les héritiers mêmes de madame de Staël le reniaient; ce n'était que dans le camp avancé des républicains et des libres penseurs, qu'il avait un moment déserté, qu'on lui rendait justice. Pour ceux qui seuls avaient le droit d'en blâmer les erreurs, le couronnement de sa vie le relevait de ses défaillances passagères. Quand Benjamin Constant était mort[1], l'émotion publique n'avait été bien comprise et dignement exprimée que p r Louis Blanc. « Pour accompagner au séjour suprême, dit l'auteur de l'*Histoire de dix ans*, la dépouille mortelle d'un homme qui avait bien mérité du libéralisme, la ville entière fut debout. Ministres, généraux, députés, pairs de France, jeunes gens des écoles, tous avaient pris le deuil, tous étaient là faisant honneur à un souvenir. Le peuple aussi était accouru à cette fête funéraire, comme il accourt à toutes les fêtes. Un escadron de cavalerie ouvrait la marche. Les six premières légions de la garde nationale précédaient le cercueil, que chargeaient des couronnes de laurier; les six dernières légions le suivaient. Des jeunes gens s'étaient attelés au corbillard. Autour marchaient, en silence et la tête nue, les amis qui conduisaient le convoi et les dignitaires du royaume. Les crêpes flottants au bout des

---

1. Le 8 décembre 1830.

drapeaux, les tambours voilés, des milliers de fronts découverts, les compatriotes du défunt portant écrit sur leur bras le mot Alsace qui semblait les associer au triomphe de cette poussière, la présence au milieu du cortége d'un détachement de vieux soldats mutilés, tout cela formait un spectacle plein de tristesse et de grandeur. Le convoi s'étendit le long des boulevards avec une lenteur extrême. On eût dit de loin une mer immense, presque immobile. Une harmonie sourde, dominée par le son lugubre du tam-tam, annonçait l'approche des restes vénérés. Des visages émus se montrèrent à toutes les fenêtres, d'où tombaient sur le cercueil des lauriers et des fleurs. Mais autour du mort s'agitaient les passions et les projets des vivants. Lorsque le corbillard sortit du temple où l'on s'était arrêté pour prier, il se fit un grand bruit et un grand tumulte. « Au Panthéon ! au Panthéon ! » crièrent des voix ardentes. Le préfet de la Seine intervint : « Force restera à la loi, » dit-il. Formule terrible qui, plus tard, retentit sur un autre cercueil, d'où se leva la guerre civile ! On reprit la route du cimetière. Des étudiants coururent faire sur la place du Panthéon l'essai d'une apothéose. Le temps était humide et sombre ; la nuit descendait sur la ville : on s'avança au milieu des tombeaux à la lueur des torches. La Fayette s'était détaché de la foule épaisse des assistants pour les paroles d'adieu.

On le vit tout à coup chanceler sur le bord de la fosse qui venait de recevoir son ami et où il fut sur le point de tomber lui-même. Tout fut dit alors, et cette multitude s'écoula dans les ténèbres.

FIN

TABLE DES MATIÈRES

PRÉFACE

INTRODUCTION III

PREMIÈRE SÉRIE

1814 1

DEUXIÈME SÉRIE

1815 (pendant les Cent-Jours)................ 59

TROISIÈME SÉRIE

1815 (après les Cent-Jours).................. 101

QUATRIÈME SÉRIE

1815 (Voyages)... 129

CINQUIÈME SÉRIE

1816 à 1830... 161

ÉPILOGUE.. 188

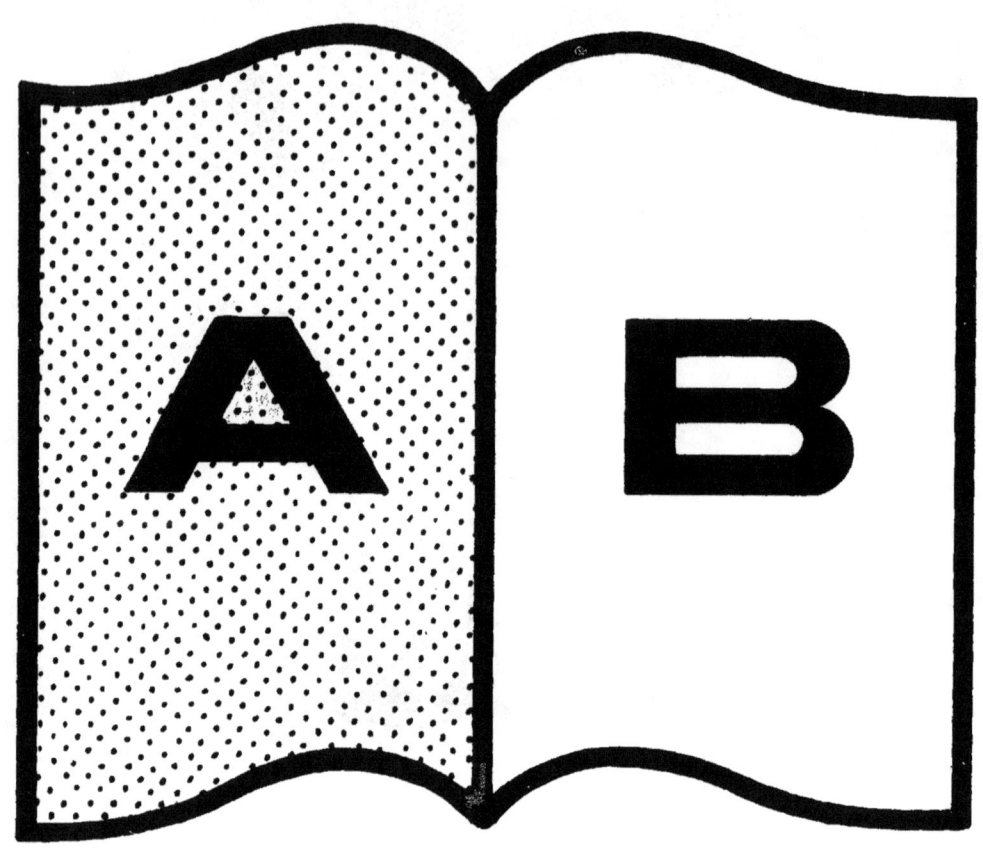

Contraste insuffisant
NF Z 43-120-14

www.ingramcontent.com/pod-product-compliance
Lightning Source LLC
Chambersburg PA
CBHW050319170426
43200CB00009BA/1381